O método

Phil Stutz & Barry Michels

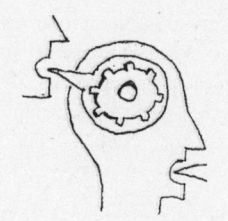

O método

5 ferramentas para gerar coragem, criatividade, força de vontade e uma vida com propósito

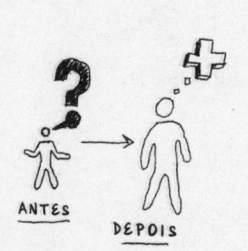

SEXTANTE

Título original: *The Tools*

Copyright © 2012 por Phil Stutz e Barry Michels
Copyright das ilustrações © 2012 por Phil Stutz
"Inversão do Desejo" (figura do Capítulo 2), "Amor Ativo" (figura do Capítulo 3),
"Autoridade Interior" (figura do Capítulo 4), "Fluxo do Agradecimento" (figura
do Capítulo 5), boxes sobre The Tools, copyright © 2012 por Phil Stutz
Copyright da tradução © 2023 por GMT Editores Ltda.

Todos os direitos reservados. Nenhuma parte deste livro pode
ser utilizada ou reproduzida sob quaisquer meios existentes sem
autorização por escrito dos editores.

tradução: Renata Telles
preparo de originais: Priscila Cerqueira
revisão: Ana Grillo e Pedro Staite
diagramação e adaptação de capa: Natali Nabekura
capa: Greg Mollica
imagem de capa: Nicholas Blechman
impressão e acabamento: Associação Religiosa Imprensa da Fé

CIP-BRASIL. CATALOGAÇÃO NA PUBLICAÇÃO
SINDICATO NACIONAL DOS EDITORES DE LIVROS, RJ

S929m

Stutz, Phil
   O método / Phil Stutz [texto e ilustração], Barry Michels ;
tradução Renata Telles. - 1. ed. - Rio de Janeiro : Sextante, 2023.
   256 p. : il. ; 21 cm.

   Tradução de: The tools
   ISBN 978-65-5564-637-5

   1. Autorrealização (Psicologia). 2. Mudança (Psicologia).
3. Técnicas de autoajuda. I. Michels, Barry. II. Telles, Renata.
III. Título.

23-83086
CDD: 153.85
CDU: 159.947.5

Meri Gleice Rodrigues de Souza - Bibliotecária - CRB-7/6439

Todos os direitos reservados, no Brasil, por
GMT Editores Ltda.
Rua Voluntários da Pátria, 45 – Gr. 1.404 – Botafogo
22270-000 – Rio de Janeiro – RJ
Tel.: (21) 2538-4100 – Fax: (21) 2286-9244
E-mail: atendimento@sextante.com.br
www.sextante.com.br

A Lucy Quvus, que não me permitiu desistir.
— Phil Stutz

À minha irmã Debra, uma guerreira espiritual da mais elevada grandeza, que me ensinou a viver com graça, coragem e amor.
— Barry Michels

Doces são os usos da adversidade,
Que, como o sapo, feio e venenoso,
Carrega ainda na cabeça uma joia preciosa.
— William Shakespeare,
Como Gostais

Aquilo que machuca instrui.
— Benjamin Franklin

Sumário

Capítulo 1 A revelação de um novo caminho — 11

Capítulo 2 Inversão do Desejo — 31

Capítulo 3 Amor Ativo — 69

Capítulo 4 Autoridade Interior — 95

Capítulo 5 Fluxo do Agradecimento — 135

Capítulo 6 Risco — 171

Capítulo 7 Fé nas forças superiores — 209

Capítulo 8 Os frutos de uma nova visão — 229

Agradecimentos — 253

CAPÍTULO 1

A revelação de um novo caminho

Roberta era uma paciente de psicoterapia que eu estava atendendo pela primeira vez. Com menos de quinze minutos de sessão eu logo me senti completamente inútil. Ela viera até mim com um objetivo muito específico: não queria mais ficar obcecada com a infidelidade do namorado.

– Eu leio as mensagens que ele recebe e depois faço um verdadeiro interrogatório; às vezes até vou à casa dele para espioná-lo. Nunca encontro nada, mas não consigo me controlar.

Achei que o problema dela fosse facilmente explicável pelo fato de que seu pai abandonara a família de repente quando ela era criança. Mesmo agora, aos 20 e poucos anos, ainda tinha pavor de ser abandonada. Porém, antes que pudéssemos analisar a questão mais a fundo, ela me olhou nos olhos e exigiu:

– Me diga agora como parar com essa obsessão. Não quero perder tempo nem dinheiro ouvindo *por que* sou insegura. Isso eu já sei.

Se Roberta viesse se consultar comigo hoje, eu ficaria exultante por ela saber exatamente o que queria e não teria dúvidas sobre como ajudá-la. Contudo, isso aconteceu há 25 anos, quando eu estava começando minha carreira de psicoterapeuta. A franqueza de seu pedido me atravessou como uma flecha. Fiquei sem reação.

Mas também não me culpei por isso. Tinha acabado de passar dois anos devorando todas as teorias correntes sobre a prática da psicoterapêutica. Só que quanto mais informações eu digeria, maior era minha insatisfação. As teorias pareciam distantes da experiência real que alguém teria se estivesse em apuros e precisasse de ajuda. Meus instintos me diziam que eu não havia aprendido a responder diretamente aos pedidos de uma paciente como Roberta.

Pensei que talvez essa habilidade não pudesse ser descrita num livro, mas apenas desenvolvida em conversas cara a cara com alguém que tivesse passado pela mesma situação. Eu havia construído uma relação muito próxima com dois supervisores meus – além de me conhecerem bem, eles tinham muitas décadas de experiência clínica. Certamente deveriam ter elaborado alguma maneira de atender a esse tipo de demanda.

Então recorri a eles e falei da exigência de Roberta. Suas respostas confirmaram meus piores medos. Os dois não tinham uma solução fácil para me oferecer. E o pior: o que me parecia um pedido razoável era visto por eles como parte do problema da paciente. Usaram diversos termos clínicos: Roberta era "impulsiva", "resistente" e "ansiava por satisfação instantânea". Se eu tentasse atender a suas necessidades imediatas, alertaram, ela se tornaria na verdade ainda mais exigente.

Ambos me aconselharam a guiá-la de volta à sua infância – lá encontraríamos a causa original da obsessão. Eu lhes disse que ela já sabia por que era obsessiva. A resposta deles foi que o abandono pelo pai poderia não ser a *verdadeira* razão.

– Você tem que ir ainda *mais fundo* na infância dela.

Eu estava cansado dessa embromação. Já ouvira tudo aquilo

antes: toda vez que um paciente fazia um pedido direto, o terapeuta rebatia dizendo a ele para "ir mais fundo". Era um jogo para esconder a verdade: quando se tratava de ajuda imediata, esses terapeutas tinham muito pouco a oferecer a seus pacientes. Além de estar decepcionado, eu tinha a péssima sensação de que eles falavam por toda a categoria – certamente nunca ouvira ninguém dizer algo diferente. Não sabia a quem recorrer.

Então a sorte me sorriu. Um amigo me disse ter conhecido um psiquiatra que discordava do sistema tanto quanto eu.

– Esse cara pode responder de verdade às suas perguntas, e eu garanto que as respostas dele são do tipo que você nunca ouviu.

O psiquiatra em questão estava dando vários seminários naquela época, e decidi assistir à apresentação seguinte. Foi então que conheci o Dr. Phil Stutz, o coautor deste livro.

Aquele seminário mudou minha prática profissional – e também a minha vida.

Tudo na maneira como Phil pensava me pareceu completamente novo. E o mais importante: meus instintos me diziam que ali estava a verdade. Ele era o primeiro psicoterapeuta que conheci cujo foco era a solução, não o problema. Acreditava piamente que seres humanos têm forças inexploradas que lhes permitem resolver seus próprios problemas. Na verdade, sua visão dos problemas era oposta à que me fora ensinada. Ele não os via como um obstáculo para o paciente, e sim como uma oportunidade de entrar nesse mundo de potencial inexplorado.

A princípio, eu estava cético. Já ouvira falar em transformar problemas em oportunidades, mas ninguém jamais apresentara um método para fazer isso. Com Phil, tudo era claro e concreto. Era preciso explorar recursos latentes por meio de certas técnicas poderosas, porém simples, que qualquer um pudesse utilizar.

Chamou essas técnicas de "ferramentas" [The Tools].

Saí daquele seminário tão empolgado que me sentia como se pudesse voar. Não era apenas porque descobrira um método real que poderia ajudar as pessoas; era algo na atitude de Phil. Ele estava se expondo e expondo suas teorias e ferramentas para o mundo. Não exigia que aceitássemos o que ele estava dizendo; insistia apenas que utilizássemos de fato suas ferramentas e chegássemos às próprias conclusões sobre o que elas eram capazes de fazer. Praticamente nos desafiou a provar que ele estava errado. Pareceu-me muito corajoso ou louco – possivelmente ambos. De qualquer maneira, teve um efeito catalisador sobre mim, como uma lufada de ar fresco após o dogma sufocante de meus colegas mais tradicionais. Vi de modo ainda mais claro como eles se escondiam atrás de um muro impenetrável de ideias intrincadas, que não sentiam a necessidade de testar ou experimentar por si próprios.

Eu só tinha aprendido uma ferramenta no seminário, mas, assim que saí, pratiquei-a religiosamente. Mal podia esperar para apresentá-la a Roberta. Tinha certeza de que a ajudaria mais do que analisar seu passado a fundo.

– Aqui está algo que você pode fazer quando começar a ficar obcecada – falei em nossa sessão seguinte, e então lhe descrevi a ferramenta (que apresentarei mais tarde).

Para meu espanto, ela a adotou e começou a usá-la de pronto. Ainda mais espantoso foi que aquilo funcionou. Meus colegas estavam errados. Oferecer a Roberta uma ajuda imediata não a deixou mais exigente e imatura, mas a inspirou a se tornar uma participante ativa e entusiasmada de sua terapia.

Num espaço de tempo curtíssimo, eu deixara de me sentir inútil e passara a ter um impacto muito positivo na vida de alguém. Fiquei sedento por mais – mais informações, mais ferramentas e um entendimento mais profundo de como elas funcionavam.

Seria isso apenas uma miscelânea de diferentes técnicas ou seria o que eu suspeitava: uma maneira totalmente nova de entender os seres humanos?

Num esforço para obter respostas, comecei a monopolizar Phil no final de cada seminário e extrair dele o máximo de informações possível. Ele era sempre solícito – parecia gostar de responder às perguntas –, mas cada resposta levava a outro questionamento. Parecia que eu tinha encontrado uma mina de informações e queria levar para casa tanto quanto pudesse. Estava insaciável.

Só que havia um problema. O que eu estava aprendendo com Phil era tão poderoso que eu queria que estivesse no centro de meu trabalho com pacientes. Não havia, porém, nenhum programa de treinamento no qual eu pudesse me inscrever, nenhuma barreira acadêmica a ser superada. Nesse tipo de coisa eu era bom, mas Phil parecia não ter qualquer interesse nisso. Fiquei inseguro. Como me qualificaria para ser treinado? Será que ele me consideraria um candidato? Será que eu estava sendo inconveniente com minhas perguntas?

Pouco depois de eu ter começado a apresentar meus seminários, esse camarada empolgado chamado Barry Michels veio falar comigo. Com alguma hesitação, ele se identificou como terapeuta, embora, pela maneira detalhada como me interrogava, soasse mais como um advogado. O que quer que fosse, era muito inteligente.

Porém, não foi por isso que respondi às suas perguntas. Inteligência e credenciais nunca me impressionaram. O que me chamou a atenção foi seu entusiasmo; ele tinha ido para casa e utilizado as ferramentas. Não sabia se era apenas impressão minha, mas tive a sensação de que ele estivera buscando algo por muito tempo e finalmente havia encontrado.

Então ele me fez uma pergunta que ninguém havia feito:

– Eu estava pensando... Quem lhe ensinou essas coisas... as ferramentas e todo o resto? Os cursos que fiz nunca abordaram nada nem sequer parecido.

– Ninguém me ensinou – respondi.

– Quer dizer que foi você mesmo quem inventou tudo isso?

– Sim... – Hesitei. – Bem, não exatamente.

Eu não sabia se deveria contar a ele como realmente obtivera aquelas informações. Era uma história um tanto incomum. Mas ele parecia ter a mente aberta, então decidi tentar. Tudo começou com os primeiros pacientes que tratei, um em especial.

Tony era residente de cirurgia no hospital onde eu trabalhava. Ao contrário de muitos outros cirurgiões, ele não era arrogante. Na verdade, na primeira vez que o vi, encolhido perto da porta do meu consultório, ele parecia um animal acuado. Quando lhe perguntei qual era o problema, ele respondeu:

– Estou com medo de uma prova que preciso fazer.

Ele tremia como se a prova fosse dali a dez minutos, mas na verdade faltavam ainda seis meses. Qualquer prova o amedrontava – e aquela seria importantíssima. Era seu exame de qualificação para o registro como cirurgião no Conselho de Medicina.

Interpretei sua história como fora treinado a fazê-lo. Seu pai tinha feito fortuna com lavanderias a seco, mas nunca terminara a faculdade e tinha um profundo complexo de inferioridade. Aparentemente, queria que o filho se tornasse um famoso cirurgião para que, por tabela, ele também pudesse experimentar esse sucesso. No fundo, porém, era tão inseguro que se sentia ameaçado pela ideia de ser superado pelo filho.

Era por isso que Tony estava inconscientemente apavorado com a possibilidade de se sair bem na prova: seu pai o veria como rival e retaliaria. Ser reprovado nos exames era sua maneira de se manter seguro. Pelo menos era nisso que eu tinha sido treinado a acreditar.

Quando dei essa explicação a Tony, ele permaneceu cético.

– Parece que você tirou isso de um manual técnico de psiquiatria. Meu pai nunca me pressionou a fazer nada por ele. Não posso culpá-lo pelo meu problema.

Ainda assim, acho que minhas palavras ajudaram a princípio; Tony parecia e se sentia melhor. Porém, conforme o dia da prova foi se aproximando, todos os sintomas voltaram aos poucos. Ele queria adiar o exame. Assegurei que aquilo era apenas seu medo inconsciente do pai. Tudo o que precisava fazer era continuar falando a respeito e o medo desapareceria novamente. Essa era a abordagem tradicional, testada e aprovada para o problema dele. Eu estava tão confiante que garanti que ele passaria na prova.

Eu estava errado. Ele foi vergonhosamente reprovado.

Tivemos uma última sessão depois disso. Ele ainda parecia um animal acuado, mas dessa vez um animal acuado com raiva.

– Você não me mostrou um jeito concreto de superar o medo. Falar sobre meu pai o tempo todo foi como lutar contra um gorila com uma pistola d'água. Você me decepcionou.

Essa experiência com Tony me abriu os olhos. Percebi como os pacientes podem se sentir impotentes ao enfrentar um problema sozinhos. Eles precisavam era de soluções que lhes dessem o poder de reagir. Teorias e explicações não dão esse tipo de poder; eles precisam de *forças* que possam ser sentidas.

Tive uma série de outros fracassos menos espetaculares. Em todos os casos, um paciente se encontrava num determinado estado de sofrimento: depressão, pânico, raiva obsessiva, etc.

Eles me imploravam por um jeito de eliminar a dor. Eu não fazia ideia de como ajudá-los.

Eu tinha experiência em lidar com fracassos. Era viciado em basquete na infância e jogava com meninos melhores e maiores que eu (na verdade, praticamente qualquer um seria maior que eu naquela época). Fracassei muito, mas sabia o que fazer; quando me saía mal, simplesmente praticava mais. Só que agora era diferente. Depois que perdi a confiança na maneira como tinha sido ensinado a oferecer terapia, não havia nada a praticar. Era como se eu tivesse perdido a bola.

Meus supervisores eram sinceros e dedicados, mas atribuíam minhas dúvidas à inexperiência. Eles me disseram que jovens terapeutas costumam se sentir inseguros e, com o tempo, aprendem que a terapia só vai até certo ponto – e, quando aceitam essas limitações, não se sentem tão mal consigo mesmos.

Para mim, aquelas limitações eram inaceitáveis.

Eu não ficaria satisfeito até que pudesse oferecer aos pacientes aquilo que me pediam: um modo de reagir. Decidi que encontraria um jeito de fazer isso a qualquer custo. Pensando bem, hoje percebo que esse foi o passo seguinte num caminho que eu começara a trilhar desde a infância.

Quando eu tinha 9 anos, meu irmão, que tinha 3, morreu de um tipo raro de câncer. Meus pais possuíam recursos emocionais limitados, por isso nunca se recuperaram. Uma nuvem de desgraça pairava sobre eles. Isso mudou meu papel na família. A esperança que meus pais tinham em relação ao futuro passou a se concentrar em mim – como se eu tivesse um poder especial de fazer com que a desgraça desaparecesse. Toda noite, meu pai voltava do trabalho, sentava em sua cadeira de balanço e ficava se lamentando.

E não fazia isso apenas consigo mesmo.

Eu sentava no chão ao lado de sua cadeira e ele me alertava que seu negócio poderia falir a qualquer momento (ele dizia que poderia "quebrar"). Perguntava-me coisas como "Você conseguiria se virar só com uma calça?" ou "E se tivéssemos que morar todos num conjugado?". Nenhum de seus medos era realista; era o mais próximo que ele chegava de admitir seu pavor de que a morte nos visitasse novamente. No decorrer dos anos, percebi que meu trabalho era tranquilizá-lo. Na verdade, eu me tornei psicólogo do meu pai.

Eu tinha 12 anos.

Mas não era assim que eu pensava na situação. Simplesmente não pensava nela. Era movido por um medo instintivo de que, se não aceitasse aquele papel, a desgraça nos dominaria. Por mais irreal que fosse, esse medo parecia muito real na época. Estar sob esse tipo de pressão na infância me fortaleceu depois de adulto, quando passei a ter pacientes de verdade. Ao contrário de meus colegas de profissão, não me sentia intimidado por suas exigências. Eu já havia desempenhado aquele papel por quase vinte anos.

Estar disposto a lidar com a dor deles não significava que eu soubesse como fazer isso. De uma coisa tinha certeza: eu estava sozinho. Não havia livros para ler, especialistas para consultar nem programas de treinamento em que me inscrever. Tudo o que eu tinha eram meus instintos. Ainda não sabia, mas eles estavam prestes a me levar a uma fonte totalmente nova de informações.

Meus instintos me trouxeram ao agora. Era aqui que estava o sofrimento de meus pacientes. Levá-los de volta ao passado era apenas uma distração; eu não queria outros Tonys. O passado contém memórias, emoções e insights, e todos têm seu valor. Eu buscava, contudo, algo poderoso o suficiente para lhes trazer alívio imediato. Para encontrá-lo, tinha que permanecer no presente.

Eu só tinha uma regra: toda vez que um paciente me pedia alívio – de mágoas, inibições, humilhações ou qualquer outra coisa –, eu precisaria lidar com isso na mesma hora. Tinha que achar uma solução imediata. Trabalhando sem rede de segurança, adquiri o hábito de dizer em voz alta tudo o que me ocorria e que pudesse ajudar o paciente. Era uma espécie de livre associação freudiana às avessas – feita pelo médico em vez de pelo paciente. Não sei se Freud teria aprovado.

Cheguei ao ponto de falar sem saber o que diria em seguida. Comecei a me sentir como se uma outra força estivesse falando através de mim. Pouco a pouco, as ferramentas deste livro (e a filosofia por trás delas) se revelaram. Tudo que elas precisavam fazer era funcionar.

Como nunca considerei minha pesquisa completa até ter uma ferramenta específica para oferecer a um paciente, é crucial entender exatamente o que quero dizer com "ferramenta". Ela é muito mais que um "ajuste de atitude". Se mudar sua vida fosse apenas uma questão de ajustar sua atitude, você não precisaria deste livro. Uma mudança verdadeira exige que você mude seu comportamento, não apenas sua atitude.

Digamos que você grite em momentos de frustração – solte os cachorros para cima de seu marido ou sua esposa, de seus filhos ou funcionários. Alguém ajuda você a perceber como isso é inadequado e quanto está prejudicando seus relacionamentos. Você passa a ter uma nova atitude com relação a gritar. Sente-se uma pessoa esclarecida, orgulhosa de si... até que um funcionário comete um erro com consequências desastrosas. Então você começa a gritar sem pensar duas vezes.

Uma mudança de atitude não impedirá você de gritar porque atitudes não controlam comportamentos; não são fortes o suficiente para isso. Para controlar um comportamento, é preciso um método específico a ser usado num determinado momento para combater um determinado problema. É isso que chamo de ferramenta.

Você terá que esperar (sem gritar, se conseguir) até o Capítulo 3 para aprender a utilizar a ferramenta que se aplica a esse caso. A questão é que uma ferramenta – ao contrário de um ajuste – exige que você faça algo. Não apenas requer trabalho; é também um trabalho que você precisa fazer repetidamente – neste caso, toda vez que a frustração surgir. Uma nova atitude não significa nada a menos que seja acompanhada por uma mudança de comportamento. E a maneira mais segura de mudar um comportamento é usar uma ferramenta.

Além do que já foi dito até agora, há uma diferença mais fundamental entre uma atitude e uma ferramenta. Uma atitude consiste em pensamentos que ocorrem dentro da sua cabeça – mesmo que você a mude, continua trabalhando dentro das suas limitações. O valor mais profundo de uma ferramenta é que ela leva você para além do que acontece na sua mente. Ela conecta você a um mundo infinitamente maior, um mundo de forças ilimitadas. Não importa se você o chama de inconsciente coletivo ou mundo espiritual. Achei mais simples chamá-lo de "mundo superior", e as forças nele contidas, de "forças superiores".

Eu precisava que as ferramentas tivessem todo esse poder, por isso me custou tanto esforço desenvolvê-las. As informações emergiam inicialmente numa forma crua, inacabada. Eu tinha que retrabalhar uma ferramenta centenas de vezes. Meus pacientes nunca reclamavam; na verdade, gostavam de ser parte da criação de algo. Estavam sempre dispostos a fazer o test drive de uma nova versão e me dar um retorno a respeito do que funcionara ou não. Tudo que pediam era que o método os ajudasse.

O processo me deixou vulnerável a eles. Eu não podia me portar como uma figura de autoridade onisciente, fornecendo informações do alto de um pedestal. Aquilo estava mais para um esforço conjunto – o que, na verdade, era um alívio. Nunca me senti à vontade com o modelo de terapia tradicional em que o paciente estaria "doente" e o psiquiatra, mantendo-o a distância como um peixe morto, traria "a cura". Isso sempre me ofendeu – eu não me considerava melhor que meus pacientes.

Como terapeuta, eu gostava de colocar o poder nas mãos deles. Ensinar-lhe as ferramentas foi minha maneira de dar o maior dos presentes: a capacidade de mudar suas vidas. Por isso sentia uma enorme satisfação cada vez que desenvolvia uma ferramenta até estar pronta.

Nesse processo de desenvolvimento, eu percebia claramente quando uma ferramenta estava completa. Nunca me parecia que eu a tinha inventado do nada; eu tinha a nítida impressão de que estava desvendando algo que já existia. Minha verdadeira contribuição era a confiança de que, para cada problema que pudesse identificar, haveria uma ferramenta a ser descoberta que traria alívio. Eu era como um cachorro que não largava o osso até que a ferramenta aparecesse.

Essa confiança estava prestes a ser recompensada de um jeito que eu nunca poderia ter imaginado.

Com o passar do tempo, fui observando o que acontecia com os pacientes que usavam as ferramentas regularmente. Como eu já imaginava, eles agora conseguiam controlar seus sintomas: pânico, negatividade, fuga, etc. Porém, algo mais – algo inesperado – estava acontecendo. Eles começaram a desenvolver novas habilidades. Eram capazes de se expressar com mais confiança; experimentavam um nível inédito de criatividade; começavam a se destacar como líderes. Estavam causando impacto positivo no mundo à sua volta – na maioria dos casos, pela primeira vez na vida.

Essa nunca tinha sido minha intenção. Meu trabalho era restituir os pacientes à "normalidade". Contudo, eles estavam indo muito além do que era "normal" – desenvolvendo potenciais que nem sequer sabiam ter. As mesmas ferramentas que aliviavam a dor no presente, quando usadas de maneira constante, com o tempo afetavam todos os aspectos da vida deles. As ferramentas estavam se provando ainda mais poderosas do que eu havia esperado.

Para entender essa questão, tive que expandir meu foco além das próprias ferramentas e observar mais atentamente as forças superiores que elas liberavam. Eu já tinha visto essas forças em ação antes. E você também – todo ser humano já as experimentou. Elas possuem um poder oculto, inesperado, que nos permite fazer coisas que normalmente consideramos impossíveis. Porém, a maioria das pessoas só tem acesso a elas num momento de emergência. Nesse caso, conseguimos agir com coragem e engenhosidade elevadas – mas, assim que a emergência passa, os poderes se vão e esquecemos que as possuímos.

As experiências de meus pacientes me abriram os olhos para uma visão completamente nova do potencial humano. Eles agiam como se tivessem acesso a essas forças todos os dias. Ao utilizarem as ferramentas, podiam gerar as forças de acordo com a vontade de cada um. Isso revolucionou meu entendimento de como a psicoterapia deveria funcionar. Em vez de enxergar os problemas como uma expressão de um "distúrbio" cuja causa estava no passado, precisávamos enxergá-los como catalisadores para o desenvolvimento de forças no presente, já latentes dentro de nós.

Contudo, o terapeuta precisava fazer até mais do que isso. Sua função era dar ao paciente acesso concreto às forças necessárias para resolver o problema. Elas tinham que ser *senti-*

das, não apenas discutidas. Isso exigia algo que a terapia nunca havia fornecido: um conjunto de ferramentas.

Eu tinha acabado de passar uma hora despejando uma quantidade enorme de informações. Barry apreendera tudo sem dificuldade, assentindo vigorosamente em determinados pontos. Só havia um porém. Percebi que toda vez que eu mencionava "forças" ele parecia vacilar. Ele não conseguia esconder o que estava pensando – então me preparei para a pergunta inevitável.

———

A maior parte do que Phil me disse foi uma revelação para mim. Absorvi tudo como uma esponja e estava pronto para usar aquela metodologia em meus pacientes. Mas havia um ponto que eu não conseguia engolir: a parte sobre as tais forças superiores que ele vivia mencionando. Estava me pedindo que acreditasse em algo que não poderia ser medido ou sequer visto. Eu achava que tinha conseguido disfarçar essas dúvidas, até que ele interrompeu meus pensamentos:

– Tem algo incomodando você.

– Não, não é nada... Isso foi incrível.

Ele simplesmente ficou me encarando. Eu não me sentia daquele jeito desde criança, quando me pegaram colocando açúcar escondido no meu cereal.

– Está bem. É só uma coisinha... – admiti. – Certo, não é só uma coisinha. Você está absolutamente seguro sobre essas forças superiores?

Ele parecia estar muito seguro. Então me perguntou:

– Você já fez alguma grande mudança na sua vida, uma espécie de salto quântico que o levou muito além do que julgava possível?

Na verdade, sim, já fizera. Embora eu tivesse tentado esquecer essa fase, começara minha vida profissional como advogado. Aos 22 anos fui aceito por uma das melhores faculdades de direito do país. Aos 25 me formei entre os primeiros da turma e fui contratado por um renomado escritório de advocacia. Havia chegado ao topo da montanha – e o odiei logo de cara. Era asfixiante, conservador e chato. Eu lutava constantemente contra o desejo de desistir daquilo tudo. Mas eu tinha me esforçado muito durante toda a minha vida; desistência não fazia parte do meu vocabulário. Como eu explicaria a decisão de largar uma profissão prestigiosa, bem remunerada, especialmente para meus pais, que sempre me incentivaram a ser advogado?

De alguma forma, acabei largando. Eu me lembro bem daquele dia. Tinha 28 anos, estava no lobby do prédio onde trabalhava, fitando os rostos silenciosos e vítreos que passavam na calçada lá fora. Por um momento, para meu horror, vi meu próprio rosto refletido na janela. Meus olhos pareciam mortos. Senti que corria o risco de perder tudo e me tornar um daqueles zumbis de terno cinza. De repente, experimentei algo inédito: uma força de absoluta convicção, absoluta confiança. Sem qualquer esforço de minha parte, fui sendo levado ao escritório do meu chefe. Pedi demissão na mesma hora. Relembrando esse dia com a pergunta de Phil em mente, percebi que eu tinha *de fato* sido impelido por uma força que viera de algum outro lugar.

Quando descrevi minha experiência a Phil, ele ficou empolgado. Apontou para mim e disse:

– É *disso* que estou falando. Você sentiu uma força superior em ação. As pessoas têm essas experiências o tempo todo, mas não entendem o que estão sentindo. – Ele fez uma pausa e então perguntou: – Você não planejou nada daquilo, certo? – Fiz que não com a cabeça. – Você consegue imaginar como seria sua vida se pudesse acessar essa força quando bem entendesse? É isso que as ferramentas lhe proporcionam.

Eu ainda não conseguia aceitar plenamente a ideia de forças superiores, mas isso não importava. Qualquer que fosse o nome dado à força que mudou minha vida, eu sabia que era real. Eu a sentira. Se as ferramentas me dessem acesso a ela todos os dias, o nome seria o de menos. E, quando apresentei as ferramentas aos meus pacientes, eles também não se importaram com a nomenclatura. Exultante com a possibilidade de realmente mudar a vida deles, eu irradiava um entusiasmo que era impossível fingir. Isso os atraiu de um jeito que nada jamais fizera.

A resposta de todos os pacientes foi igualmente positiva. Muitos comentaram que as sessões pareciam bem mais proveitosas.

– Eu costumava sair daqui completamente perdido, sem saber se havia tirado algum proveito da sessão – ouvi de um deles. – Agora saio com a sensação de que há algo que eu posso fazer, *algo prático que vai me ajudar*.

Pela primeira vez em minha curta carreira, eu me sentia capaz de oferecer esperança aos pacientes. Foi transformador. Comecei a ouvir um refrão familiar: "Você me deu mais em uma sessão do que eu tinha conseguido com anos de terapia." Meu consultório começou a ficar cheio. Eu me sentia mais realizado do que nunca. E, dito e feito, percebi em meus pacientes as mesmas mudanças que Phil presenciara quando estava descobrindo as ferramentas. A vida de cada um se expandia de maneiras inesperadas. Eles se tornavam melhores líderes, melhores pais, melhores mães; mais ousados em todos os aspectos.

Vinte e cinco anos se passaram desde que Phil e eu nos conhecemos. As ferramentas proporcionaram exatamente o que ele prometera: uma conexão diária com forças superiores capazes de mudar nossa vida. Quanto mais eu as usava, mais claramente sentia que essas forças chegavam *através* de mim, não *a partir* de mim – eram um presente de algum outro lugar. Carregavam um poder extraordinário que me possibilitava fazer coisas que eu nunca tinha feito. Com o passar do tempo, pude aceitar que esses novos poderes me foram dados por forças superiores. Não apenas as vivencio há duas décadas e meia, como também tenho o privilégio de treinar pacientes para acessá-las de maneira tão constante quanto eu.

A finalidade deste livro é dar a você o mesmo acesso. Essas forças revolucionarão a maneira como você enxerga sua vida e seus problemas. Você não se sentirá mais amedrontado ou dominado pelas adversidades. Em vez de indagar "O que posso fazer a respeito desse problema?", você aprenderá a fazer uma pergunta muito diferente: "Que ferramenta me permite resolvê-lo?"

Juntos, Phil e eu somamos sessenta anos de experiência em psicoterapia. Com base nela, identificamos quatro problemas fundamentais que impedem as pessoas de viver a vida que desejam. A felicidade e a satisfação que você obtém dependem de como você consegue se livrar desses problemas, que serão abordados nos quatro capítulos seguintes. Cada um deles fornece também a ferramenta que funciona da maneira mais eficaz para cada caso. Explicaremos como a ferramenta conecta você a uma força superior – e como essa força resolve a questão para você.

Pode ser que você não veja seus problemas exatamente refletidos nos casos que relatamos. Felizmente, isso não significa que você não possa tirar proveito das ferramentas. Você perceberá que elas ajudam em diversas situações. Para deixar isso bem claro, no final de cada capítulo vamos indicar outros usos para cada ferramenta. Você provavelmente encontrará pelo menos um que se aplique à sua vida. O que descobrimos é que as quatro forças superiores que as ferramentas evocam são necessidades básicas para uma vida plena. Não importa muito como seus problemas aparecem; o que importa é que você utilize o método.

Acreditamos em todo o conteúdo deste livro, pois ele foi desenvolvido e testado por meio de experiências reais. Mas não se fie em nossa palavra; leia-o com ceticismo. Conforme progredir na leitura, pode ser que você questione algumas ideias. Já ouvimos a maioria desses questionamentos antes, e em cada capítulo responderemos aos mais comuns. Contudo, a verdadeira resposta está nas ferramentas. Descobrimos que, depois que alguém vivencia o efeito das forças superiores repetidas vezes, suas objeções desaparecem.

Já que o ponto principal é fazer com que você utilize o método, no final de cada capítulo você encontrará um pequeno resumo do problema, da ferramenta e de como usá-la. Caso se empenhe de verdade em usar as ferramentas, você voltará a esses resumos diversas vezes para se manter no caminho certo.

Ao terminar os quatro capítulos seguintes, você terá aprendido as quatro ferramentas que lhe permitirão viver uma vida gratificante. Você pode acabar achando que isso é tudo de que precisa. Não é. Apesar de as ferramentas funcionarem, a maioria das pessoas deixa de utilizá-las. Esta é uma das verdades mais enlouquecedoras da natureza humana: deixamos de fazer as coisas que mais nos ajudam.

Estamos realmente empenhados em ajudar você a mudar de vida. Se você também estiver, terá que superar essa resistência. É aqui que o negócio fica sério. Para ser bem-sucedido, é preciso entender o que impede você de usar as ferramentas – e também reagir. O Capítulo 6 ensina a fazer isso. Ele oferece uma quinta ferramenta; de certa maneira, a mais crucial de todas. A ferramenta que garante que você continue usando as outras quatro.

Você precisará de mais uma coisa para ter certeza absoluta de que não deixará de usar o método para se conectar com as forças superiores: fé. Forças superiores são tão misteriosas que é quase impossível *não* duvidar de sua existência de vez em quando. Alguns até se refeririam a isso como a questão existencial da era moderna: de que maneira podemos ter fé em algo completamente intangível? No meu caso, a dúvida e a descrença vieram de berço, já que tanto meu pai quanto minha mãe eram ateus. Eles teriam rido da palavra "fé"; imagine então algo como "forças superiores", que não pode ser explicado de maneira racional ou científica. No Capítulo 7, descreverei minha luta para depositar confiança nessas forças e ajudarei você a fazer o mesmo.

Pode acreditar: se eu aprendi a ter fé, qualquer um é capaz de aprender.

Presumi que aceitar as forças superiores como algo real seria o último ato de fé esperado de mim. Eu estava enganado. Phil tinha mais uma ideia louca na manga. Segundo ele, cada vez que alguém usava uma ferramenta, as forças superiores evocadas poderiam beneficiar não apenas esse alguém, mas todos ao redor. Com o passar dos anos, isso foi parecendo cada vez menos absurdo. Passei a acreditar que as forças superiores eram não apenas benéficas à sociedade – eram essenciais à nossa sobrevivência. Mas você não precisa acreditar na minha palavra. O Capítulo 8 mostrará a você como vivenciar isso por conta própria.

A saúde de nossa sociedade depende dos esforços de cada indivíduo. Toda vez que um de nós obtém acesso a forças superiores, todos nos beneficiamos. Isso dá uma responsabilidade especial àqueles que sabem utilizar as ferramentas. Eles se tornam os primeiros a trazer as forças superiores para o restante da sociedade. São pioneiros, construindo uma comunidade nova, revigorada.

Acordo todas as manhãs e agradeço pela existência das forças superiores. Elas nunca param de se revelar de novas maneiras. Por meio deste livro, compartilharemos com você a magia delas, e não vemos a hora de embarcar com você nessa jornada.

CAPÍTULO 2

A ferramenta: Inversão do Desejo

A força superior: Força Propulsora

Vinny era um paciente meu com um dom questionável: conseguia fazer qualquer um se voltar contra ele minutos depois de conhecê-lo. Em nossa primeira sessão, cumprimentei-o na sala de espera e ele vociferou sarcasticamente:

– Puxa, bela decoração. Comprou essa merda numa vendinha de quintal? Uma IKEA já seria um grande avanço para você.

Quando não estava usando sua mordacidade para afastar as pessoas, era de fato um comediante talentoso. Mas seu currículo não refletia seu talento. Quando o conheci, ele tinha 33 anos, trabalhava com stand-up comedy havia uma década e nunca tinha conseguido sair do circuito de pequenos clubes de comédia.

Não tinha sido por falta de oportunidade. Seu empresário se dedicara a conseguir bons trabalhos para Vinny – clubes maiores, talk shows e seriados de TV. Apesar da concorrência acirrada, ele tinha uma boa chance de se dar bem. Era engraçado. O problema é que ficava sabotando os esforços do empresário. No último incidente, seu agente havia marcado uma entrevista com o proprietário de um famoso clube de comédia, do tipo que pode deslanchar carreiras ou acabar com elas, e Vinny não tinha aparecido; nem sequer havia ligado para explicar ou remarcar. Essa tinha sido a gota d'água para seu empresário, que ameaçou dispensar Vinny a menos que ele fosse se consultar comigo.

– Pensei: não custa fingir que estou me esforçando – disse Vinny em tom conspiratório, piscando um olho.

Perguntei por que ele não tinha ido à entrevista. Sua desculpa (a primeira de muitas) era ridícula.

– Não funciono bem de manhã – reclamou, ressentido –, e meu empresário sabe disso.

– Você não poderia ter aberto uma exceção, já que seria tão importante para sua carreira?

Vinny balançou a cabeça robusta com determinação.

– Não, não vou entrar nessa loucura de fazer tudo pela carreira. É muito estresse.

Se acordar de manhã era pedir demais, não era de admirar que a carreira de Vinny estivesse empacada. A reunião perdida era apenas o caso mais recente de autossabotagem. Num outro fiasco, seu empresário havia agendado um show num grande anfiteatro para um evento beneficente. A apresentação começara bem, mas Vinny acabou sendo vaiado e teve que deixar o palco depois de contar piadas ofensivas. Ele parecia ter prazer em afastar as pessoas. Quando seu empresário conseguiu que ele fosse convidado para uma festa descolada em Hollywood, onde poderia ter cortejado mandachuvas de programas de TV, Vinny apareceu bêbado, desgrenhado e cheirando a vômito.

– Você já se perguntou por que está deliberadamente destruindo sua carreira? – questionei.

– Não estou destruindo nada. Só não vou me vender. Você puxa o saco de alguém numa festa e isso parece inofensivo. Aí talvez essa pessoa lhe faça um favor e, quando você vai ver, estão censurando seus melhores textos. Você acaba contando piadas do tipo "Um pinguim entra num bar" só para ser mais simpático com o público.

Se "ser simpático" significava aparecer para reuniões na hora marcada, era exatamente isso que ele precisava se tornar, mas Vinny não pensava assim.

– Meu trabalho é ser engraçado, não simpático. Se você quiser alguém "simpático", contrate um cara que fique feliz com arroz e feijão. Eu até me ofereço para doar a marmita.

Vinny estava dando uma aula sobre como destruir uma carreira. E o que era pior: se convencera de que estava agindo com base num senso de virtude. Resolvi pagar para ver.

– Parece que você está bem resolvido. Acho que você deveria dizer ao seu empresário que vai ficar bem sem ele; que está feliz como está. Você pode agendar as próprias apresentações nos clubes. – Joguei meu caderno de anotações e minha caneta na mesa e me levantei da cadeira. – Se terminarmos esta sessão agora, não vou nem cobrar por ela.

Os olhos de Vinny se arregalaram.

– Mas... eu... – gaguejou – eu pensei que a gente poderia... – Ele fechou os olhos e se recompôs. – Não é que eu não *queira* progredir na minha carreira.

– Então que tal ser sincero sobre o motivo de insistir em destruí-la?

Levou um tempo, mas ele finalmente admitiu que odiava depender de outras pessoas para ter sucesso: odiava entrevistas, testes, até mesmo um telefonema para alguém que poderia dar um empurrão em sua carreira. Essas situações o deixavam vulnerável e ele fugia delas como da peste.

Perguntei o que havia de tão ruim em precisar dos outros.

– Eu odeio – resmungou. Depois de ponderar mais um pouco, ele revelou por quê: – Eu já nasci palhaço, fazendo presepada para chamar atenção. Quando era criança, estava sempre testando novas piadas com os clientes do meu pai. Ele ficava maluco.

– Por quê?

– Ele administrava seu negócio em casa.

– Que tipo de negócio?

– Ele era agente funerário.

Eu ri.

– Ah, Vinny, fala sério.

– Eu *estou* falando sério. Todo dia eu entrava escondido na sala de espera e fazia minha apresentação e toda noite tomava uma surra de cinto. Se eu começasse a chorar, ele me chamava de "frutinha" e me batia mais forte. – Seus olhos começaram a marejar. – Era um verdadeiro pesadelo.

Ficou claro por que ele fazia de tudo para evitar estar numa situação vulnerável. Nunca mais queria dar a alguém a chance de lhe infligir dor. Porém, tinha pagado um preço alto por essa proteção – havia sacrificado sua carreira.

Você pode não ter feito o mesmo tipo de sacrifício que Vinny, mas nunca encontrei ninguém que não tivesse aberto mão de *alguma coisa* para evitar a dor.

A ZONA DE CONFORTO

Evitar a dor não seria um problema se fizéssemos isso apenas uma ou duas vezes por ano. Porém, para a maioria de nós, é um hábito profundamente arraigado. Ficamos atrás de um muro invisível, entrincheirados, e não nos aventuramos a sair dali porque além do muro está a dor. Esse espaço seguro é a Zona de Conforto. Em casos mais extremos, a pessoa se esconde atrás das paredes reais de sua casa, com medo de se aventurar no mundo lá fora. Isso é o que caracteriza a agorafobia. Contudo, em geral, a

Zona de Conforto não é um lugar físico: é um estilo de vida que evita qualquer coisa que possa ser dolorosa.

A Zona de Conforto de Vinny consistia em situações nas quais ele se sentia seguro: clubes pequenos com apresentações fixas, um pequeno círculo de amigos de escola que riam de todas as suas piadas, uma namorada que nunca o deixaria, independentemente do que ele exigisse dela. Ele evitava qualquer coisa que o fizesse se sentir exposto: um teste para um trabalho mais importante, relacionar-se com pessoas que poderiam ajudar sua carreira, namorar uma mulher que tivesse vida própria.

A sua Zona de Conforto pode não ser tão óbvia quanto a de Vinny, mas você tem uma – todos nós temos. Vejamos como é a sua. Experimente fazer o seguinte exercício (todos os exercícios funcionam melhor quando feitos de olhos fechados):

> Pense em algo que você odeia fazer. Pode ser viajar, conhecer pessoas, encontrar parentes, etc. Como você organiza sua vida para evitar essa atividade? Imagine esse padrão de comportamento como um lugar onde você se esconde. Essa é sua Zona de Conforto. Como você se sente nela?

Você provavelmente sentiu que estava num lugar seguro e familiar, livre da dor que o mundo traz consigo. Isso recria quase completamente sua Zona de Conforto, mas deixa de fora o ingrediente final. Por mais estranho que pareça, não é suficiente escapar da dor. Insistimos em substituir a dor pelo prazer.

Fazemos isso com um conjunto interminável de elementos viciantes: internet, drogas e álcool, pornografia, comidas gostosas. Até apostas e compras compulsivas são tipos de prazer. Todos esses comportamentos são generalizados – todos nós fazemos parte de uma cultura em busca de sua Zona de Conforto.

Inserimos essas atividades em nossa rotina diária. Vinny, por exemplo, passava todas as noites com os mesmos amigos, fumando um baseado, comendo pizza e jogando videogame. Ele descrevia essas experiências como um universo alternativo. "Uma tragada e o resto do mundo desaparece."

A sensação proporcionada por esse mundo alternativo é como um banho morno, agradável e reconfortante, como se, por um momento, você estivesse de volta ao útero materno. Essas atividades do tipo "banho morno" só nos debilitam ainda mais. Quanto mais você se esconde no banho morno, menos disposição tem para lidar com a ducha fria da realidade.

Pergunte-se quais são suas atividades "banho morno". Quanto mais você cede a determinado impulso, maior a probabilidade de estar criando uma Zona de Conforto. Agora experimente o seguinte exercício:

> Imagine que você se rendeu a um ou mais desses comportamentos e que a sensação de prazer transportou você a outro mundo. De que maneira esse mundo afeta seu senso de propósito?

Seja como for sua Zona de Conforto, você paga um preço alto por ela. A vida oferece infinitas possibilidades, mas junto com elas vem a dor. Se você for incapaz de tolerar a dor, será incapaz de viver plenamente. Há muitos exemplos dessa questão. Se você é tímido e evita as pessoas, perde a vitalidade que acompanha o senso de comunidade. Se você é criativo mas não tolera críticas, evita vender suas ideias para o mercado. Se você é líder mas não consegue confrontar as pessoas, ninguém seguirá você.

A Zona de Conforto supostamente mantém sua vida segura, mas o que realmente faz é manter sua vida limitada. Vinny era um bom exemplo disso. Todas as áreas da vida dele – a carreira, as amizades, até mesmo sua vida amorosa – eram uma versão atrofiada do que poderiam ter sido.

O esquema abaixo ilustra a Zona de Conforto e o preço que você paga para viver dentro dela:

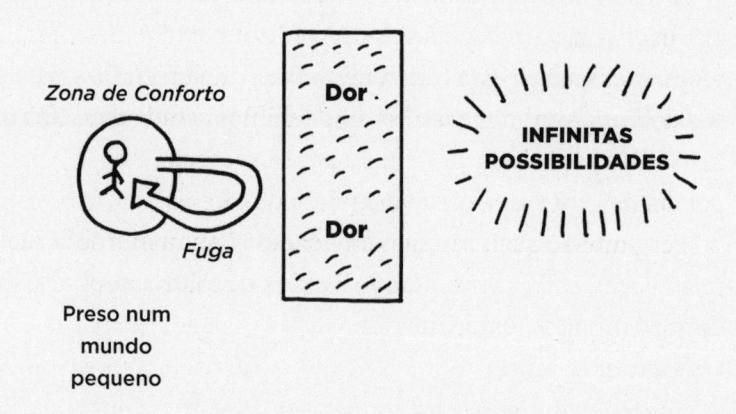

```
Zona de Conforto        Dor            INFINITAS
      (figura)                        POSSIBILIDADES
      Fuga              Dor
Preso num
mundo
pequeno
```

A maioria de nós é como o bonequinho da figura, preso na Zona de Conforto. Para tirar vantagem das infinitas possibilidades que a vida nos oferece, temos que nos aventurar a sair. A primeira coisa que encontramos é a dor. Sem um jeito de superá-la, corremos de volta para o lugar onde nos sentimos seguros. Isso está representado pela seta que sai, aproxima-se da dor e volta. Com o tempo, desistimos até de tentar escapar da Zona de Conforto; nossos maiores sonhos e aspirações são perdidos. O médico, professor e escritor Oliver Wendell Holmes escreveu no poema "The Voiceless" (Os sem-voz): "Ai daqueles que nunca cantam,/ Mas falecem com toda a sua música dentro de si."

É uma tragédia morrer sem ter cantado sua canção. O pior é que os culpados somos nós mesmos – *nós nos silenciamos*. Ainda assim, apesar do terrível preço que pagamos, não deixamos a Zona de Conforto. Por que não?

Porque a fraqueza moderna por excelência nos mantém lá: a necessidade de gratificação imediata. A Zona de Conforto nos faz bem no momento. Quem se importa com o castigo futuro? Mas o castigo vem, trazendo consigo a pior das dores: saber que você desperdiçou sua vida.

Somos uma sociedade treinada para esperar, até mesmo exigir, gratificação imediata. E temos uma capacidade extraordinária de racionalizar essa fraqueza. Em vez de admitir que evitamos a dor, dizemos a nós mesmos que estamos sendo nobres; Vinny havia se convencido de que estava se recusando a "se vender". Acabamos com uma visão de mundo distorcida, que faz com que a fuga pareça a atitude certa – até mesmo corajosa e idealista – a se tomar. Mentir para si mesmo é o pior de todos os pecados, pois torna a mudança impossível.

Expliquei tudo isso a Vinny. Só o fato de entender por que estava tão empacado já fez com que ele se sentisse um pouco melhor. Ele me agradeceu e se levantou, apressado para sair.

– Espere aí – falei. Vinny parecia surpreso. – Estou feliz por você se sentir melhor, mas, se nos contentarmos com isso, nada terá mudado. Você ainda estará preso na Zona de Conforto. Vai aceitar esse castigo?

– Se você me deixar sair agora, vou – respondeu meio brincando, mas se sentou novamente. Pela primeira vez, vi em seus olhos a esperança de que sua vida poderia melhorar.

A FORÇA SUPERIOR: FORÇA PROPULSORA

Alguns poucos indivíduos se recusam a viver uma vida limitada. Sofrem dores enormes – desde rejeições e fracassos até momentos mais breves de constrangimento e ansiedade. Também lidam com as pequenas e tediosas dores necessárias para a disciplina pessoal, forçando-se a fazer coisas que todos sabemos que deveríamos fazer, mas não fazemos, como se exercitar, ter uma dieta saudável e manter a organização. Por não evitarem nada, podem correr atrás de suas maiores aspirações. Parecem mais vivos que o restante de nós.

Eles têm algo que lhes dá a força necessária para suportar a dor: um senso de propósito. O que fazem no presente, não importa quão doloroso seja, tem um significado em termos do que querem para o futuro. Quem foge da dor só se preocupa com a gratificação imediata; não assume responsabilidades por seu futuro.

Não é possível adquirir um senso de propósito apenas com um simples pensamento. É necessário tomar medidas que nos impulsionem em direção ao futuro. No momento em que fazemos isso, ativamos uma força mais poderosa do que o desejo de evitar a dor: a Força Propulsora.

É a primeira das cinco forças superiores das quais falaremos neste livro. Elas são "superiores" porque existem no plano em que o universo ordena e cria, dando-lhes poderes misteriosos, que são invisíveis, mas seus efeitos estão por toda parte. Isso é especialmente evidente no caso da Força Propulsora.

Seu poder é o poder da própria vida. Tudo o que está vivo vai evoluindo para o futuro com um senso de propósito – seja um único organismo, uma espécie ou todo o planeta. O poeta Dylan Thomas dizia que era "a força que, através do rastilho verde, impele a flor". A existência contínua da vida no decorrer de milhões de anos é uma comprovação do poder invencível da Força Propulsora.

Esse poder também tocou sua vida. Você começou sua existência como um bebê indefeso; contudo, num período consideravelmente curto, deixou de engatinhar e passou a ficar de pé e então andar. Você fez isso apesar de inúmeros contratempos dolorosos. Observe uma criança aprendendo a andar. Não importa quantas vezes caia, ela logo se levanta para continuar indo atrás de seu objetivo. Seu senso de propósito é impressionante; ela acessou a Força Propulsora.

Essa força impulsiona as crianças a desenvolver as habilidades básicas de que precisam para crescer. Como tem uma função idêntica em todas, funciona como uma presença universal, da qual as crianças não têm consciência. Com adultos é diferente. A tarefa central de um adulto é encontrar no mundo seu propósito, que é diferente para cada pessoa; encontrá-lo é uma questão individual. A Força Propulsora só funciona num indivíduo se ele escolhe conscientemente usá-la – e aceita a dor que vem com ela.

A maioria de nós opta pela fuga. Como resultado, não alcançamos nosso pleno potencial e nunca nos tornamos a pessoa que deveríamos ser. Vinny era um ótimo exemplo disso. Quando criança, tinha o impulso de se desenvolver como artista; apesar das surras, apresentava-se para os clientes do pai todos os dias. Porém, já adulto, decidiu que não queria mais ser vulnerável. Essa decisão o transformou numa versão amarga e limitada de quem deveria ser.

Eu me deixei levar pelo entusiasmo e disse a Vinny:

– Com a Força Propulsora, sua vida é como uma estrela radiante em constante expansão. Quando você se esconde na Zona de Conforto, a vida se torna um buraco negro, consumindo-se em si mesma.

Vinny não compartilhou da minha empolgação.

– Você parece minha professora de catecismo, que, aliás, era uma solteirona virgem. Você não faz ideia do que é colocar o seu na reta na frente de um bando de babacas.

Por mais duro que isso soasse, eu o entendi. Para Vinny, a Força Propulsora não passava de duas palavras. Ele precisava *senti-la* dentro dele, impulsionando-o, antes de conseguir ter fé nela.

Em minha opinião, essa experiência visceral era precisamente o que estava faltando na psicoterapia tradicional. A terapia era capaz de extrair ideias e emoções, mas não tinha nenhuma maneira direta de conectar os pacientes às forças necessárias para mudar suas vidas. Quando conheci Phil, percebi na mesma hora que ele havia aprendido a fazer essa conexão. A resposta estava no poder das ferramentas que ele tinha descoberto.

As ferramentas foram concebidas para tirar proveito da natureza incomum das forças superiores. Estamos acostumados com forças que conseguimos controlar: podemos pisar no acelerador, acender a luz, abrir a água quente e, com isso, conseguir o que queremos. Essas forças são separadas de nós; nós as controlamos de fora. Não importa qual seja nosso estado.

Isso não funciona com as forças superiores: elas não estão sujeitas a controle externo. Para atrair uma força superior, você e ela precisam se tornar um só. Você consegue isso assumindo a mesma forma que a força assume – tornando-se uma miniversão dela. Mas não basta pensar: você precisa mudar seu estado de ser.

Essa é a genialidade das ferramentas. Cada uma apresentada neste livro permite que você "imite" o funcionamento de uma força superior diferente, fazendo com que você e ela se tornem um, obtendo acesso à energia dela. Você aprenderá a natureza das cinco forças superiores básicas e as ferramentas que o levam a se alinhar a elas. Com a prática, você conseguirá invocar essas forças quando bem entender. Elas lhe darão algo que não tem preço: a capacidade de criar seu próprio futuro.

A FERRAMENTA: INVERSÃO DO DESEJO

Colocamos a Força Propulsora em primeiro lugar porque sua natureza é a mais óbvia, movendo-se sem parar pelo universo com um senso de propósito. Para acessá-la, *você* precisa avançar incessantemente em sua vida – não há outra maneira de reproduzi-la.

Mas isso não é tão fácil. A esta altura, você já sabe que evitamos a dor da Força Propulsora a todo custo. Phil não parecia se deixar intimidar por essa detestável fraqueza humana. Ele me disse – com absoluta confiança – que qualquer um poderia dominar seu medo da dor. Perguntei-lhe como podia ter tanta certeza. Ele respondeu que havia descoberto uma ferramenta que nos treinava para *desejar a dor*.

Isso me pareceu estranho, até mesmo para algo que Phil diria. Fiquei me perguntando se ele era uma espécie de masoquista – ou coisa pior. Então ele me contou a seguinte história e vi que havia uma lógica por trás da loucura.

Eu tinha 13 anos e estava no segundo ano do ensino médio – um nanico magrelo num colégio só de meninos, todos muito maiores do que eu. A aula que mais me apavorava era a de desenho técnico. Meus desenhos eram enormes manchas, pareciam testes de Rorschach.

Mais aterrorizante que a aula era o aluno que sentava ao meu lado. Enorme e peludo, tinha 18 anos e era o capitão e o craque do time de futebol americano. Eu olhava para ele como se fosse um misto de um deus com um animal muito perigoso. Por sorte, tínhamos pelo menos uma coisa em comum: éramos os piores desenhistas da turma. Conforme nossa incompetência foi nos aproximando, ele começou a se abrir comigo.

Ele falava do assunto que mais amava: futebol americano. O garoto tinha sido eleito o melhor *running back* da cidade. Por algum motivo, estava ávido por me explicar como tinha alcançado essa distinção.

O que ele disse me chocou – ainda consigo lembrar quarenta anos depois. Ele explicou que não era o *running back* mais rápido da cidade nem o mais habilidoso. Havia jogadores mais fortes. Ainda assim, era o melhor da cidade, e as ofertas de bolsas de estudo das melhores universidades comprovavam seu valor. A razão para ele ser o melhor, explicou, não tinha nada a ver com suas capacidades físicas – era sua atitude com relação ao oponente.

Ele exigia a bola desde o começo de cada jogada e corria até o adversário mais próximo. Não tentava despistá-lo nem correr para onde não pudesse ser alcançado. Corria diretamente de encontro ao adversário de propósito, não importando o quanto doesse. "Quando me levanto, me sinto ótimo, vivo. É por isso que eu sou o melhor. Os outros corredores têm medo, dá para ver nos olhos deles." Ele estava certo: ninguém compartilhava o desejo dele de ser esmagado por um jogador da defesa adversária.

Minha primeira reação foi achar que ele era louco, pois vivia num mundo de constante dor e perigo e gostava daquilo. Era exatamente o mundo que eu havia passado toda a minha infância tentando evitar. No entanto, eu não conseguia tirar aquela ideia maluca da cabeça; se você for diretamente de encontro à dor, desenvolverá superpoderes. Conforme os anos passavam, mais eu descobria que isso era verdade – e não apenas no esporte.

Sem saber, ele havia me apresentado o segredo do domínio da dor e me fornecido a base para a ferramenta que poderia conectar qualquer um com a Força Propulsora.

Aquele jogador de futebol americano se destacava de seus colegas porque havia "invertido" o natural desejo humano de evitar a dor – ele queria a dor. Isso para ele era normal, mas parece impossível para a maioria das pessoas. Não é. Com a ferramenta certa, qualquer um pode treinar para desejar a dor.

A ferramenta é chamada de Inversão do Desejo. Antes de experimentá-la, escolha uma situação que você esteja evitando. Não precisa envolver dor física, como no caso do atleta. Mais provavelmente, você está evitando algum tipo de dor emocional: um telefonema que tem adiado, um projeto que parece opressivo ou uma tarefa que é simplesmente entediante. Vinny evitava a rejeição que precisaria enfrentar se tentasse ir mais longe no show business.

Quando tiver escolhido uma situação, imagine a dor que você sentiria. Depois esqueça a situação e concentre-se na dor em si. Então, experimente usar a ferramenta.

Inversão do Desejo

Veja a dor aparecer na sua frente como uma nuvem. Grite mentalmente para ela: "PODE VIR!" Sinta um intenso desejo pela dor movendo você para dentro da nuvem.

Grite mentalmente "EU AMO A DOR!" enquanto continua avançando. Entre fundo na dor, a ponto de você e ela se tornarem um só.

Você sentirá a nuvem cuspi-lo para fora e se fechar atrás de você. Diga internamente, com convicção: "A DOR ME LIBERTA!" Ao deixar a nuvem, sinta-se impulsionado para um domínio de pura luz.

Os primeiros dois passos requerem a ativação de sua própria vontade, mas, no passo final, você deve se sentir impelido por uma força muito maior do que você mesmo: essa é a Força Propulsora.

Chame a dor para si com a maior intensidade que puder. Como você se sentiria se tivesse o pior resultado possível? O público vaiaria seu discurso. Você seria abandonado pelo cônjuge no meio da discussão. Se você conseguir dominar o pior, qualquer coisa menor se tornará fácil. Quanto mais intensa a dor – e quanto mais agressivamente você avançar para dentro dela –, mais energia criará.

Aprenda a executar os três passos de maneira rápida, porém intensa. Não faça isso apenas uma vez. Continue repetindo os passos até sentir que converteu completamente toda a dor em energia. Você pode se lembrar de cada passo por meio da frase que o acompanha.

1. "Pode vir."
2. "Eu amo a dor."
3. "A dor me liberta."

O simples ato de dizer as três frases já será de grande ajuda.

Agora deve estar claro por que chamamos a ferramenta de Inversão do Desejo. Você pegou seu desejo normal de evitar a dor e o inverteu, transformando-o num desejo de enfrentá-la.

COMO A INVERSÃO DO DESEJO DOMINA A DOR

O uso regular dessa ferramenta revela o segredo sobre a dor que lhe permite dominá-la: a dor não é absoluta. *O modo como você experimenta a dor muda de acordo com a maneira como você reage a ela.* Quando você avança em direção à dor, ela encolhe. Quando se afasta da dor, ela cresce. Como um monstro num sonho, se você foge da dor, ela o persegue. Se você confronta o monstro, ele vai embora.

É por isso que o desejo é uma parte crucial da ferramenta. Ele faz com que você continue avançando em direção à dor. Você está desejando a dor não porque é masoquista, mas porque tem o propósito de encolhê-la. Quando sentir confiança para fazer isso sempre, terá dominado seu medo da dor.

O desenho a seguir ilustra como isso funciona. Desta vez, ao deixar a Zona de Conforto, o bonequinho tem uma atitude totalmente diferente. Não apenas deixou de evitar a dor, *ele a deseja*. É esse desejo que o coloca em movimento; como dissemos, quando você está avançando em direção à dor, ela se torna menos intimidadora. Você agora pode atravessá-la para entrar num mundo expandido, de infinitas possibilidades.

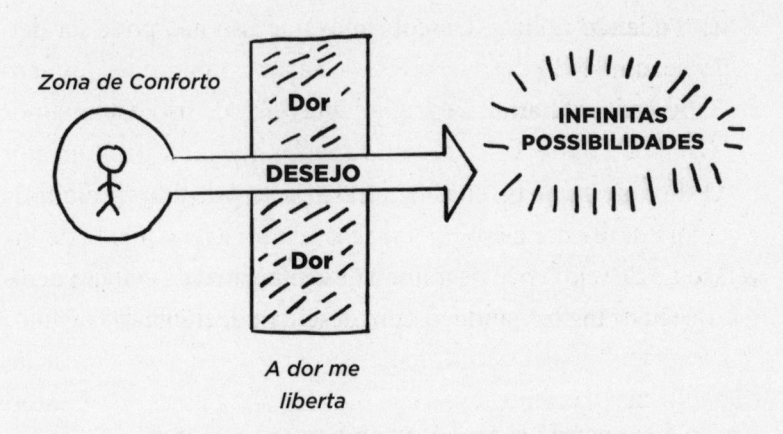

A dor me liberta

Meu pai me deu a primeira lição sobre o poder de avançar em direção à dor quando me ensinou *bodysurf*. A primeira lição foi sobre como entrar na água gelada. Você tem que mergulhar o corpo todo de uma vez, sem pensar. Costumávamos sair correndo em direção ao mar o mais rápido que podíamos, e então mergulhávamos bem fundo. Era um choque, mas já estávamos "pegando jacaré" enquanto os outros banhistas ainda se torturavam, tentando entrar na água centímetro por centímetro. Hoje, quando penso nisso, me dou conta de que essa foi a primeira vez que fui incentivado a avançar em direção à dor voluntariamente.

QUANDO USAR A INVERSÃO DO DESEJO

Eu e Vinny fizemos a Inversão do Desejo passo a passo em meu consultório várias vezes até eu ter certeza de que ele conseguiria usar a ferramenta sozinho.

– Me dá uma sensação de energia, como se eu estivesse malhando – admitiu. – E então, quando tenho que fazer isso?

Era uma boa pergunta, que se aplica a cada uma das ferramentas que apresentamos neste livro. Tão importante quanto aprender é saber quando utilizar. Descobrimos que isso não pode ser deixado ao acaso. Para cada ferramenta, há um conjunto de momentos facilmente reconhecíveis que requerem seu uso. Chamamos esses momentos de "deixas", como aquelas que indicam a um ator quando dizer sua fala. Utilize a ferramenta imediatamente toda vez que reconhecer uma.

Para a Inversão do Desejo, a primeira deixa é óbvia: sempre que você estiver prestes a fazer algo que quer evitar. Digamos que você tenha que fazer uma ligação difícil ou precise focar no trabalho mas se sente inquieto e distraído. Nesses momentos, concentre-se na dor exata que sentiria se iniciasse a ação. Use a ferramenta sobre essa dor (várias vezes, se necessário) até conseguir sentir a energia do passo final empurrando-o para a frente. Não se detenha para pensar – deixe que ela o leve diretamente a executar a ação que você está evitando.

A segunda deixa não é tão óbvia porque ocorre em seus pensamentos. Todos nós compartilhamos o mesmo mau hábito. Quando temos que fazer algo que consideramos extremamente desagradável, começamos a pensar a respeito daquilo em vez de agir de fato: "Por que preciso fazer isso? Não consigo, vou fazer semana que vem", etc. Pensar não ajuda você a atuar sobre a dor; na verdade, normalmente faz você evitar ainda mais a ação. Seus pensamentos só vão ajudá-lo a dominar a dor se levarem você a usar a Inversão do Desejo. Esta é a segunda deixa: toda vez que você se pegar pensando na temida tarefa, pare de pensar e use a ferramenta.

Essa deixa treina você para usar a ferramenta *agora mesmo*. Não importa quão longe esteja a ação; a força necessária para avançar só pode ser gerada no presente. Cada vez que você usa essa segunda deixa, efetua um depósito de energia numa conta bancária invisível. Com o tempo, terá economizado o suficiente para agir.

Vinny teve a oportunidade de testar essa tese. Parte da meta de fazer uma limpeza em sua vida envolvia uma ligação para o poderoso dono de clube em quem ele dera o cano. Pedir a ele uma chance já era intimidador o suficiente. Como se não bastasse, agora Vinny tinha também que lhe pedir perdão. Sua deixa para usar a Inversão do Desejo passou a ser o pensamento "Não adianta, não vou conseguir". Depois de duas semanas, para sua própria surpresa, ele fez a ligação. Cinco dias se passaram sem que o cara retornasse, dando a Vinny a chance de usar a ferramenta mais algumas centenas de vezes.

Finalmente, a temida ligação aconteceu. O dono do clube lhe deu uma baita bronca.

– Foram os cinco minutos mais longos da minha vida – disse Vinny.

Então o homem recebeu outra ligação e colocou Vinny em espera "por outros malditos cinco minutos". Vinny usou a Inversão do Desejo para se manter firme, esperando mais insultos – porém o outro telefonema era de um comediante cancelando a apresentação daquela mesma noite. O dono do clube ofereceu

o horário para Vinny, que foi lá e "arrasou". Aquela reviravolta deixou Vinny maravilhado – ou, nas palavras dele:
– Puta sorte, né?

O BENEFÍCIO SECRETO: TRANSFORMAR DOR EM PODER

Na verdade, aquilo não teve nada a ver com sorte. Vi isso acontecer repetidas vezes: um paciente faz um esforço real para avançar e, de repente, pessoas e oportunidades surgem como que por mágica para ajudá-lo no caminho.

Eu mesmo vivenciei essa situação em minha trajetória antes mesmo de ter ouvido falar nas ferramentas. Para mim, o prestígio automático e a alta remuneração de uma carreira em direito eram uma gaiola dourada – uma espécie de Zona de Conforto. Para fazer com que minha vida voltasse a avançar, eu precisava largar o escritório de advocacia. Decidi me tornar psicoterapeuta, mas sabia que seriam necessários quatro anos para terminar minha qualificação. Como eu me sustentaria durante aquele tempo? Sem esperar muito, enviei currículo para dezenas de advogados, à procura de um emprego de meio expediente. A maioria me recusou. Quando estava começando a me desesperar, recebi um telefonema do nada de um advogado que tinha estudado na mesma faculdade que eu. Ele caiu do céu. Deixou que eu trabalhasse quantas horas quisesse e até me apresentou ao direito de família, um campo no qual pude começar a afiar minhas habilidades psicoterapêuticas. Eu não poderia ter feito a transição sem a ajuda dele.

Logo que comecei a trabalhar como psicoterapeuta, tive certeza de que havia faltado algo em meu treinamento. Não estava ajudando as pessoas tanto quanto sabia que poderia. Eu sempre procurava alguém que me ensinasse a fazê-lo. Apesar de repetidas decepções, eu estava determinado a continuar buscando. Foi isso que me levou a assistir ao seminário de Phil. Para mim, ele claramente representou um daqueles casos de "sorte". Ele nunca hesitou em responder às minhas perguntas – e eu o bombardeava com milhares delas. Ao contrário dos outros, Phil nunca levava para o lado pessoal nem se esquivava de mim quando eu contestava suas respostas. Era como ter uma enciclopédia interativa com respostas para perguntas que eu vinha fazendo por toda a minha vida.

Se esses encontros casuais e essas oportunidades súbitas não eram sorte, então o que eram? O explorador escocês W. H. Murray ofereceu a seguinte explicação: "No momento em que nos comprometemos firmemente, a Providência também começa a agir [...] criando a nosso favor todo tipo de incidente, encontro e auxílio material imprevistos, que homem nenhum poderia sonhar que encontraria em seu caminho."

"Providência" é um termo antiquado, mas é o correto. Denota o apoio e a orientação que vêm de algo maior que você. Murray queria dizer que a Força Propulsora coloca você em sincronia com o movimento superior do universo, permitindo que você aproveite as inúmeras oportunidades que ele pode lhe fornecer. Esse auxílio inesperado é um dos muitos benefícios das forças superiores. Ele está sujeito às mesmas regras que discutimos antes: você não consegue controlar essas forças de fora; é preciso se tornar semelhante a elas para ter acesso à sua energia.

É fácil simplificar isso ao extremo. Um paciente meu trabalhou com afinco por diversas noites e fins de semana para formular uma proposta única e criativa para seu chefe, mas, quando finalmente criou coragem para apresentar sua ideia, seu chefe a rejeitou.

– Você me disse que, se eu avançasse, o universo me ajudaria – reclamou comigo.

Essa reação demonstra como a mente moderna costuma interpretar de modo equivocado as forças superiores. Ela quer torná-las previsivelmente controláveis. Sim, avançar é um jeito poderoso de se conectar com elas. Contudo, essas forças são, no fim das contas, um mistério; funcionam de maneiras que quase sempre estão além da compreensão imediata. O universo não é um animal que se pode treinar para recompensar você toda vez que andar para a frente. Na verdade, a crença ingênua de que isso aconteceria é simplesmente outra versão da Zona de Conforto.

Conforme aprendem a trabalhar com as forças superiores, os pacientes se deparam ainda com outro mistério. Sentem que seus poderes estão crescendo quando, aparentemente do nada, algo ruim acontece. Com frequência, eles ficam indignados, como se sua conexão com as forças superiores devesse, num passe de mágica, torná-los imunes à adversidade.

É uma reação que sugere certa imaturidade espiritual. O verdadeiro adulto aceita que existe uma diferença básica entre as metas que temos para nós mesmos e as que o universo tem para nós. Em geral, os seres humanos querem obter sucesso no mundo exterior – construir um negócio bem-sucedido ou, digamos, encontrar o amor de sua vida. O universo, no entanto, não se importa com nosso sucesso exterior; sua meta é desenvolver nossa *força interior*. Nós nos importamos com o que alcançamos do lado de fora; *o universo está interessado em quem somos do lado de dentro.*

Todo mundo entende que, para desenvolver um músculo, é preciso submetê-lo à resistência, levantando peso. Essencialmente, a adversidade é o "peso" que nos ajuda a desenvolver nossa *força interior*, a única maneira pela qual o universo pode fazer isso. Esse é o motivo para a adversidade não cessar mesmo depois de avançarmos.

Testemunhei a incrível resiliência que as pessoas podem adquirir quando lutam contra os reveses. Tratei uma mulher cujo marido cuidava de todas as finanças do casal. Depois que ele morreu, ela enfrentou a assombrosa tarefa de dominar os princípios básicos da economia doméstica. Ainda assim, menos de um ano após a morte do marido, não apenas abriu um negócio bem-sucedido como também se tornou menos passiva em seus relacionamentos. Já vi isso acontecer até com adolescentes: uma garota se refugia em sua única amizade – a abelha-rainha da turma, uma alpinista social que a dispensa de repente com uma mensagem de texto: "Estou cansada de fingir ser sua amiga." A mãe fica preocupada, com medo de que seja uma experiência traumática e a filha nunca se recupere. Em vez disso, a menina é forçada a se aproximar de outras garotas e descobre que é bastante popular por si própria. Suas amizades se aprofundam e sua autoestima acaba crescendo.

Existe uma força interior escondida que você só consegue encontrar quando se esforça para superar a adversidade. Friedrich Nietzsche, ousado pensador do fim do século XIX, foi quem melhor a definiu, em seu famoso aforismo: "O que não me mata me fortalece." Sua ideia de que a adversidade tem um valor positivo era inovadora.

No entanto, quando citei Nietzsche para Vinny, ele revirou os olhos e retrucou:

– Escuta, Harvard, eu não sou tão idiota quanto pareço. Eu sei um pouco sobre Nietzsche. Ele era muito bom *de papo*, mas não vivia exatamente como Indiana Jones.

Vinny tinha razão: Nietzsche era quase um eremita.

Isso não deveria ser surpresa. A filosofia é criada por intelectuais que raramente se perguntam como aplicar suas ideias à vida real. Quando seu porão inunda ou seu cônjuge pede o divórcio, seus pensamentos não se voltam para Nietzsche. Todos temos a mesma reação nesses momentos: "Isso não deveria estar acontecendo comigo."

Por mais natural que pareça, essa reação é, na verdade, insana: *você está se recusando a aceitar um evento que já aconteceu*. Não existe maior perda de tempo. Quanto mais você reclama, maior a estagnação. Existe um termo comum para alguém que se deixa chafurdar na dor dessa maneira: vitimismo.

A vítima pensa que sabe como o universo deveria funcionar. Quando não é tratada da maneira que "merece", conclui que o mundo está contra ela. Isso se torna sua justificativa para desistir e se retirar para sua Zona de Conforto, onde pode parar de tentar.

Não é preciso ser filósofo para perceber que a vítima não está crescendo nem ficando mais forte.

A declaração de Nietzsche faz parecer que a própria adversidade nos fortalece. Não é verdade. A força interior só vem para aqueles que *avançam* face à adversidade.

Isso é impossível para uma vítima. Sua energia é gasta insistindo que o acontecimento adverso nem sequer deveria ter ocorrido. Ela só consegue recuperar essa energia quando aceita o acontecimento, independentemente de quão doloroso tenha sido. Porém, *aceitar coisas ruins exige muito esforço*.

É aqui que entra a Inversão do Desejo. Ela ignora sua opinião sobre como as coisas *deveriam ser* e lhe fornece um modo de aceitá-las como *são*. Isso é um pouco diferente de usá-la para se preparar para a dor futura. A ferramenta em si funciona da mesma maneira, mas a dor em questão está no passado (ainda que apenas alguns minutos no passado). Na verdade, você está se treinando para *desejar aquilo que já aconteceu*.

Quanto mais cedo e mais frequentemente você utilizar a ferramenta quando algo ruim acontecer, mais rápido conseguirá se recuperar. Para algumas pessoas, essa será a primeira vez que enfrentarão a adversidade sem se sentir uma vítima. Com a Inversão do Desejo, a ideia de Nietzsche se torna realidade.

Pelo menos quando se trata de acontecimentos adversos menores, como um congestionamento ou um defeito na máquina copiadora. Você começa a se recuperar dessas coisas mais rápido do que imaginava; sua tolerância à frustração cresce. Mas e quando algo horrível acontece? E quando você perde todas as suas economias ou perde um filho? Seria possível – ou mesmo psicologicamente saudável – aceitar um acontecimento que destrói a estrutura da sua vida?

Existiu pelo menos uma pessoa com autoridade para responder a essa pergunta: um famoso psiquiatra austríaco chamado Viktor Frankl. Contudo, sua autoridade não vinha de suas credenciais, mas de ter vivido o impensável. Ele foi escravizado em quatro campos de concentração nazistas, onde a mãe, o pai, o irmão e a esposa foram mortos. Recusando-se a se entregar, ele se tornou médico de um dos campos. Lá, Frankl lutou para manter a resiliência de prisioneiros que, como ele, haviam perdido tudo, inclusive a razão de viver. Ele resumiu sua resposta ao sofrimento em seu livro *Em busca de sentido*.

Sua incrível conclusão foi que, mesmo sob condições indescritivelmente duras – privação de sono, fome e a ameaça constante da morte –, havia uma oportunidade de aumentar a força interior. Na verdade, essa era a única coisa que os nazistas *não podiam* tirar de um prisioneiro. Nos campos, eles controlavam tudo – não só os pertences como também a própria vida dos cativos e de seus entes queridos. Mas não podiam tirar a determinação de crescer internamente no tempo que lhes restasse.

Por mais desoladora e frágil que fosse a vida nos campos de concentração, afirmou Frankl, ela ainda apresentava "uma oportunidade e um desafio. Os prisioneiros podiam fazer dessas experiências uma vitória, transformando a vida num triunfo interior, ou podiam ignorar o desafio e simplesmente vegetar". Era "uma situação externa excepcionalmente difícil que dá ao homem a oportunidade de crescer espiritualmente além de si mesmo". Essa força espiritual interna às vezes possibilitava que prisioneiros fisicamente menos resistentes sobrevivessem melhor do que aqueles mais robustos.

Frankl afirmou o que já tínhamos discutido aqui: quaisquer que sejam suas metas pessoais no mundo exterior, a vida tem as próprias metas para você. Se houver um conflito entre essas diferentes metas, a vida vencerá. Nas palavras dele: "Na verdade, não importava o que esperávamos da vida, e sim o que a vida esperava de nós." Era preciso descobrir o que a vida estava pedindo – ainda que fosse simplesmente suportar o sofrimento com dignidade, sacrificar-se por outra pessoa ou sobreviver a mais um dia sem sucumbir ao desespero – e assumir o desafio.

Esse caminho desenvolve o que mais falta em nossa sociedade voltada para o mundo exterior: uma "grandeza interior". Fomos condicionados a associar grandeza a pessoas que alcançaram poder ou fama no mundo exterior, como Napoleão ou Thomas Edison. Damos pouco valor a uma *grandeza interior*, que pode ser desenvolvida por qualquer um, independentemente de sua condição social. Contudo, é somente essa grandeza interior que dá sentido à nossa vida; sem ela, nossa sociedade se torna vazia.

A idolatria do sucesso exterior cria uma fixação egoísta em alcançar nossas próprias metas. A grandeza interior, por outro lado, se desenvolve apenas quando a vida torna nossas metas impossíveis. Enfrentamos então uma luta pessoal para conciliar nossos planos com aquilo que a vida tem planejado para nós. Somos forçados a nos tornar altruístas, a dedicar nossa vida a algo maior que nós mesmos. O livro de Frankl é um relato de seu triunfo sob circunstâncias extremas. Sua verdadeira grandeza estava em ter encontrado significado no desolador tormento de um campo de concentração, não em seu sucesso e fama posteriores como psiquiatra.

MEDO E CORAGEM

A última coisa que a Inversão do Desejo pode fazer por você talvez seja a mais importante de todas: ela lhe permite desenvolver coragem. Sempre fiquei confuso com o fato de a psicoterapia não abordar diretamente a necessidade de coragem – é algo que faltava a todos os pacientes que já tratei. Porém, como o restante de nós, os terapeutas a enxergam como uma espécie de poder mítico, existente apenas em heróis que desconhecem o medo humano, não como um tópico relevante da psicologia.

Esse tipo de herói só existe nos filmes. A verdadeira coragem ocorre em seres humanos comuns, pessoas com os mesmos medos que todos nós. Quase sempre, suas demonstrações de coragem são um mistério – a própria pessoa não tem ideia de onde surgiram.

Phil nunca viu a coragem como um poder mítico nem como um mistério. Ele a definiu de um jeito prático e humano, colocando-a ao alcance de qualquer um. *A coragem é a capacidade de agir diante do medo.* A razão pela qual isso parece impossível para a maioria das pessoas é a maneira como vivenciamos o medo.

O medo está quase sempre ligado a uma imagem que temos de algo terrível que acontecerá no futuro. Se eu reclamar, vou ser demitido. Se eu começar meu próprio negócio, irei à falência. Quanto mais você se fixa nessa imagem futura, mais paralisado fica – incapaz de agir até ter certeza de que o evento não acontecerá. Mas esse tipo de certeza é impossível.

É difícil admitir, mas toda a nossa cultura é baseada na mentira de que é possível ter certeza do futuro. Estude na escola certa, alimente-se das comidas certas, compre as ações certas e seu futuro estará garantido. Para desenvolver coragem, é preciso abandonar essa ilusão.

Isso deixará você livre para se concentrar no presente – o único lugar onde você pode encontrar a coragem para agir. Eu já havia lido sobre "permanecer no presente" antes de ter conhecido Phil, mas sempre enxerguei isso como um clichê do pensamento alternativo. Reconsiderei minha opinião quando ele me ensinou um processo concreto para atrair e explorar o poder do presente.

O primeiro passo é aprender a experimentar o medo sem a imagem mental do temido evento futuro. Concentre toda a sua atenção na sensação de medo atual, no presente. Quando você tiver separado o medo daquilo que teme no futuro, ele se tornará apenas outro tipo de dor a ser processado com a Inversão do Desejo.

A ferramenta funciona exatamente da mesma maneira como você já a vem utilizando. Você pode substituir a palavra "dor" por "medo" ou simplesmente lembrar que o medo é um tipo de dor. De qualquer forma, a energia que a Inversão do Desejo gera lhe permitirá agir. Com a prática, você perceberá que aquilo que o amedronta não faz diferença; você poderá lidar com qualquer situação de medo da mesma maneira.

Se parecer loucura desejar o medo, lembre que você não está desejando o acontecimento terrível, apenas a sensação de medo que ele traz. É um paradoxo: só ao desejar o medo você conseguirá agir em sua presença – essa é exatamente a definição de coragem.

Coragem não é algo que possa ser acumulado. O medo volta rapidamente, junto com a imagem do temido evento futuro, levando você para fora do presente. Se sua intenção de viver com coragem for para valer, condicione-se a usar a Inversão do Desejo assim que sentir medo. Você vai se surpreender ao descobrir que, quando isso se torna um reflexo – e você nem sequer precisa pensar no futuro –, você passa a agir com uma ousadia que jamais teve na vida.

Phil descreveu o processo como uma luta para voltar ao presente. Permanecer no presente não é um estado de passividade mística, é um processo *ativo* que exige esforço. A meta é se sentir suficientemente confortável com o medo para poder agir. Agora, se você estiver buscando uma audácia sobre-humana, é melhor ir ao cinema.

PERGUNTAS FREQUENTES

1. Preciso usar a Inversão do Desejo toda vez que faço algo contra a minha vontade, toda vez que penso em algo que preferiria evitar e toda vez que algo ruim acontece. Como vocês esperam que eu concilie esse trabalho com tudo o mais que acontece em minha vida?

Todas as ferramentas que apresentamos neste livro exigem muito esforço. A certa altura você provavelmente vai sentir que não dará conta de tudo. Às vezes também nos sentimos sobrecarregados demais para usar as ferramentas.

Tenha em mente que toda a nossa cultura se resume a conseguir o máximo possível com o mínimo de esforço. Vamos dedicar um capítulo inteiro só a esse assunto – o Capítulo 6. Por enquanto, será útil entender um estranho paradoxo a respeito das ferramentas: embora requeiram energia no início, elas *aumentam* sua energia a longo prazo. Então, se parece que estamos lhe pedindo que você faça mais do que já está fazendo, é porque já vimos os resultados: *a vida fica mais fácil quando você usa as ferramentas*.

Se você avaliar a situação com sinceridade, verá que sem a Inversão do Desejo você fica empacado na Zona de Conforto, com energia reduzida. Não importa quão difícil seja usar a ferramenta, sua recompensa ao deixar esse estado de paralisia será dez vezes maior. Use-a e veja por si mesmo como se sentirá melhor.

Além do mais, usar uma ferramenta leva em torno de três segundos. Se você usar uma ferramenta vinte vezes por dia, gastará apenas um minuto. Considerando os incríveis resultados que podem ser obtidos, você com certeza vai perceber que está saindo no lucro.

2. Segui as instruções para a Inversão do Desejo, mas não senti nada.

Usar as ferramentas é uma habilidade como qualquer outra. Leva tempo para dominar. Você não pega um violino pela primeira vez e já sabe tocá-lo.

Em nossa sociedade, exigimos resultados imediatos, e nossa tendência é desistir quando não os conseguimos. Mas é nesses momentos que é mais importante *não* desistir. Na verdade, você deve criar o hábito de usar a Inversão do Desejo justamente quando mais duvidar dela. Isso não é para provar que a ferramenta funciona, é para desenvolver a atitude certa: "Quando não consigo resultados imediatos, eu me comprometo ainda mais a utilizar a ferramenta." Com o tempo você se tornará um verdadeiro praticante. Se esse nível de compromisso não lhe trouxer resultados, então você poderá parar de usar a ferramenta sabendo que ao menos deu a ela algumas chances.

3. Será que essa ferramenta não atrai coisas ruins para minha vida?

Essa é a objeção mais comum à Inversão do Desejo, mas é também a mais fácil de refutar. Pense, quem está atraindo coisas ruins: a pessoa que está usando a Inversão do Desejo para confrontar a dor ou a pessoa que não consegue comparecer a uma reunião que vai mudar sua vida para melhor?

Ainda assim, as pessoas têm medo de que, se desejarem uma situação negativa, a ferramenta possa de fato *causar* aquilo. Nós nos referimos a isso como "objeção californiana", pois suas raízes estão no misticismo que virou moda na região em que ambos vivemos e trabalhamos.

Essa objeção é baseada num mal-entendido. A ferramenta nos prepara para desejar a *dor* que associamos a um evento específico, não o evento em si. É por isso que as instruções nos orientam a esquecer a situação e nos concentrar na dor. A finalidade disso é ficarmos livres para agir. Se existe uma chave para influenciar o futuro, é por meio da ousadia da ação.

Pode ser reconfortante acreditar que seus pensamentos controlam diretamente eventos futuros, mas o que observamos é que os pacientes que mais acreditam nessa ideia costumam ser aqueles que mais evitam tomar uma atitude.

4. Já sofri o suficiente na minha vida. Quando é que isso vai parar?

Faz parte da natureza humana pensar que sabemos quando já sofremos o bastante e querer uma folga dos nossos problemas. Mas a vida não funciona assim. Pode ser que haja muitas coisas positivas em seu futuro – grandes alegrias e realizações. Porém, inevitavelmente, *a vida nunca será isenta de dor*. Quando você aceitar isso, sua meta não será mais acabar com a dor e o sofrimento, e sim aumentar sua tolerância a eles – que é exatamente o que a Inversão do Desejo fará por você.

Isso leva a uma forma muito mais positiva de enxergar a dor. A dor é o jeito que o universo encontrou de exigir que você continue aprendendo. Quanto mais dor você tolerar, mais poderá aprender. Neste capítulo, o que você está aprendendo é a AVANÇAR a despeito da adversidade. Todo evento doloroso faz parte desse preparo. Somente ao aceitar isso você poderá desenvolver por inteiro seu potencial. Quando você enxergar a vida dessa forma, não pedirá que a dor pare, pois isso seria interromper seu aprendizado.

5. Não é masoquismo *desejar* a dor?

Depende do tipo de dor. Há dois tipos diferentes: o necessário e o desnecessário. A dor necessária é aquela pela qual você precisa passar para alcançar suas metas. Se você é vendedor, a rejeição é uma dor necessária. A dor desnecessária é aquela que normalmente chamamos de masoquista. Ela não faz parte do seu progresso; ao contrário, sua finalidade é manter você estagnado. O masoquista inflige dor a si mesmo sob seu próprio controle e o faz da mesma maneira repetidamente. Ele utiliza a familiaridade previsível de sua dor escolhida para, na verdade, manter-se dentro de sua Zona de Conforto.

6. Por que eu deveria utilizar a ferramenta? Não sinto dor nem medo nenhum na minha vida.

Já tivemos pacientes que disseram isso com a cara mais séria do mundo. Às vezes estão mentindo – acham que é uma fraqueza admitir que sofrem ou sentem medo. Normalmente leva um tempo para convencê-los de que admitir e conquistar esses sentimentos é uma demonstração de força mais poderosa do que negá-los.

Mas nem todo mundo está mentindo: algumas pessoas de fato não sentem dor nem medo. Infelizmente, isso acontece porque elas estão tão enfurnadas na Zona de Conforto que nem sequer percebem que há um mundo inteiro de outras possibilidades fora dali. Elas, na verdade, têm *mais* medo que a maioria; simplesmente lidam com o medo *negando que desejam alguma coisa a mais de sua vida*.

No caso dessas pessoas, tentamos fazer com que identifiquem novas metas. Pode ser extremamente difícil, mas todo mundo consegue identificar alguma coisa que não tem e que desejaria ter. Quando pedimos que elas visualizem os passos específicos que precisariam tomar para alcançar a meta, há sempre pelo menos um passo que as intimida. É aí que elas são forçadas a admitir que estão evitando a dor. Na hora, elas nem se dão conta disso, mas essa constatação é o primeiro passo para retornar à terra dos vivos.

7. Conheço alguém que está sempre buscando uma conquista atrás da outra, mas eu não gostaria de ser assim, porque essa pessoa nunca relaxa nem aproveita a vida.

Esse tipo de hiperatividade não é o que queremos obter com a Força Propulsora; na verdade, é apenas outra forma de fuga. Essas pessoas estão usando a hiperatividade para se distrair de seus sentimentos – de terror, fracasso ou vulnerabilidade. Por isso nunca conseguem relaxar. É como se estivessem constantemente ouvindo passos atrás delas e não pudessem parar de correr.

Força Propulsora significa algo diferente para cada um de nós. A Inversão do Desejo lhe dá a força para enfrentar o que quer que você esteja evitando. Às vezes é uma situação externa, mas também é possível que seja uma emoção incômoda.

Descobrimos que as pessoas que não fogem das situações na verdade são as que conseguem *descansar e relaxar melhor*. É apenas quando você encara aquilo que teme – dentro ou fora de si mesmo – que sua mente consegue relaxar. Essas pessoas se sentem menos intimidadas pelo mundo, mais satisfeitas com os próprios esforços. Isso as torna menos preocupadas e ansiosas e, quando chega a hora de relaxar, elas conseguem desligar a mente; não são atormentadas por todas as coisas que estão evitando.

OUTROS USOS PARA A INVERSÃO DO DESEJO

A Inversão do Desejo lhe permite expandir seu círculo profissional e social. *Todos nós conhecemos pessoas com as quais gostaríamos de ter um vínculo, mas nos sentimos inseguros demais para nos aproximar. A verdade é que nos perguntamos se estamos realmente no mesmo nível que elas. É mais fácil se aproximar apenas de pessoas que não representam nenhuma ameaça. Essa é, na realidade, uma forma de fuga que impede você de viver plenamente.*

Marilyn estava na casa dos 30 e era bastante atraente, porém solitária. Tinha sempre um grupo de rapazes atrás dela, mas nenhum jamais a satisfazia. Seu verdadeiro problema, porém, estava na maneira como ela enxergava o mundo dos homens. Marilyn acreditava que havia um grupo "A" de homens – mais ricos, mais atraentes, mais charmosos – com os quais ela nunca conseguiria namorar. Quando era apresentada a um deles, ela agia de maneira distante. No fundo se sentia intimidada por esses homens e não queria que eles a convidassem para sair. Os homens que ela de fato namorava eram sempre do grupo "B". Embora ela reclamasse de seus defeitos, eles representavam sua Zona de Conforto. Enquanto namorasse esse tipo de homem, não corria o risco de encontrar alguém que realmente lhe interessasse. Toda vez que se aproximava de homens do grupo "A", tinha que usar a Inversão do Desejo para lidar com sua ansiedade. A certa altura, ela conseguiu se abrir e agir naturalmente.

A Inversão do Desejo lhe permite exercer autoridade. *Uma das coisas mais difíceis de ser um líder – seja você chefe de um departamento, de uma empresa ou de uma família – é que você precisa tomar decisões que deixarão as pessoas insatisfeitas. É por isso que dizem que "o topo é um lugar solitário". O verdadeiro líder consegue tolerar a insatisfação dos outros.*

Elizabeth era professora universitária e tinha acabado de ser nomeada diretora de departamento. Embora fosse reconhecida nacionalmente em sua área, era uma pessoa acessível e modesta. Era de sua natureza tratar a todos como amigos. Todo mundo gostava dela: os alunos, os outros professores e até os faxineiros. Contudo, isso significava que seu ambiente de trabalho era uma Zona de Conforto. Isso não podia continuar depois que ela se tornou diretora. Seria impossível ser amiga de todo mundo. Ela precisava tomar decisões a respeito de nomeações de professores, planejamentos, férias, questões disciplinares, e cada decisão desagradaria alguém. Isso era tão incômodo que Elizabeth começou a adiar as decisões, até que o caos tomou conta do departamento. Para manter o emprego, ela sabia que precisava se forçar a tomar decisões impopulares. Ela começou a usar a Inversão do Desejo para lidar com a dor de não ser querida pelas pessoas. Ela conseguiu deixar de ser amiga de todo mundo e se tornou uma líder eficaz.

Elizabeth acabou percebendo que havia questões de liderança em qualquer relacionamento e que, com frequência, as pessoas à sua volta precisavam que ela agisse como líder tanto quanto precisavam que agisse como amiga. Consequentemente, todos os seus relacionamentos melhoraram. Os amigos e colegas que ela conhecia havia anos gostaram da nova clareza e do foco que ela trouxe para suas decisões. Isso lhe deu uma confiança que nunca sentira antes. Até como mãe Elizabeth melhorou; agora que conseguia impor limites à filha adolescente, suas conversas se tornaram mais sinceras, o que foi um alívio para ambas.

A Inversão do Desejo supera fobias. Uma fobia é um medo ou uma aversão irracional a algo – como aranhas ou espaços apertados. Seu efeito é pôr certos aspectos da vida fora de alcance. Até quando moderadas, as fobias podem interferir no seu rendimento no trabalho e em seus relacionamentos. A ferramenta o encoraja a se colocar em situações que sua ansiedade havia descartado por completo. A vida pode se abrir novamente.

Michael era um engenheiro que precisava viajar por todo o país a trabalho. Infelizmente, ele havia desenvolvido um medo de viajar de avião que ameaçava destruir sua carreira. Assim que a comissária de bordo fechava a porta dos passageiros, a respiração de Michael acelerava e seu peito se comprimia. Muitas vezes isso acabava progredindo para uma crise de pânico, e ele tinha certeza de que estava condenado. Em casa, só de pensar em viajar de avião, a ansiedade tomava conta dele. Michael usou todo tipo de desculpa para evitar essas viagens, até que a fobia ficou óbvia para seu chefe. Usando a Inversão do Desejo sempre que ficava com medo, com o tempo ele conseguiu superar sua fobia. O medo não conseguia mais impedi-lo.

A Inversão do Desejo lhe permite desenvolver habilidades que requerem disciplina e um compromisso de longo prazo. *A maior diferença entre aqueles que são bem-sucedidos e aqueles que fracassam em qualquer empreendimento é seu grau de compromisso. A maioria das pessoas gostaria de ser mais dedicada, mas, na prática, o compromisso requer uma série interminável de pequenas ações dolorosas. Quando uma pessoa não consegue lidar com essa dor, seu comprometimento desmorona.*

Jeffrey trabalhava para a polícia como patrulheiro. Não era a carreira que ele queria. Antes de largar a faculdade, estudava literatura e escrevia bem, embora soubesse que nunca havia alcançado todo o seu potencial como escritor por pura preguiça. "Minhas ideias são boas. Só não sei ao certo se consigo colocá-las no papel." Isso não tinha nada a ver com sua capacidade. Ele escolhera uma saída fácil: contar histórias para seus colegas policiais em bares depois do trabalho. Isso era especialmente fácil para ele graças ao álcool que ingeria. Colocar essas histórias no papel requeria um nível de comprometimento muito maior. O que ele achava mais doloroso era o grau de concentração que precisava ter. A concentração exige se fechar para o resto do mundo e focar numa só coisa. Para a maioria de nós, esse esforço é extremamente doloroso. Sem dúvida era um martírio para Jeffrey.

Usando a Inversão do Desejo para enfrentar essa dor, ele foi capaz de dedicar o tempo e a energia necessários para iniciar a tão desejada carreira de escritor.

A Inversão do Desejo lhe dá uma nova perspectiva sobre dinâmicas familiares que existem desde a infância. Experimente o seguinte: pense em algo que você se habituou a evitar quando criança. Qual era a natureza específica da dor que você estava evitando? Agora feche os olhos, projete-se naquela criança e aplique a Inversão do Desejo naquela dor. Imagine-se usando essa ferramenta na infância – imagine que a usava automaticamente sempre que surgia a vontade de evitar algo, dia após dia, ano após ano. Veja se consegue compreender como sua vida seria diferente hoje; não as circunstâncias externas, mas quem você é por dentro. Que sensação isso lhe traz?

Desde quando Juanita era pequena, sua mãe expressava sua decepção sempre que ela fazia algo reprovável. O medo dessa desaprovação fazia com que Juanita não compartilhasse partes de sua vida que poderiam chatear a mãe. O resultado é que a mãe nunca a conheceu de verdade. Ao fazer o exercício proposto, Juanita percebeu que, se ela tivesse superado a dor de se expressar, teria deixado de esconder alguns aspectos de si mesma. Isso, por sua vez, teria permitido que sua mãe a aceitasse e se sentisse livre para amar verdadeiramente todos os aspectos de sua filha.

RESUMO DA INVERSÃO DO DESEJO

Para que serve a ferramenta
Use a ferramenta quando precisar fazer algo que você está evitando. Evitamos as coisas que nos são mais dolorosas, preferindo viver numa Zona de Conforto que limita drasticamente o que obtemos da vida. A ferramenta lhe permite agir diante da dor e fazer com que sua vida volte a avançar.

Contra o que você está lutando
Evitar a dor é um hábito poderoso. Quando se adia algo doloroso, o alívio é imediato. O castigo – o arrependimento inútil pela vida que você desperdiçou – só vem no futuro distante. É por isso que a maioria das pessoas não consegue avançar e viver a vida plenamente.

Deixas para usar a ferramenta
1. A primeira deixa é quando você tiver que fazer algo incômodo e sentir medo ou resistência. Use a ferramenta logo antes de agir.
2. A segunda deixa ocorre apenas em sua mente, sempre que você pensa em fazer algo doloroso ou difícil. Se você usar a ferramenta toda vez que tiver esses pensamentos, desenvolverá uma força que lhe permitirá agir quando chegar a hora.

A ferramenta em poucos passos
1. Concentre-se na dor que você está evitando. Imagine que ela é uma nuvem à sua frente. Grite mentalmente "Pode vir!" para atrair a dor. Você a deseja porque ela é muito valiosa.
2. Grite mentalmente "Eu amo a dor!" enquanto continua avançando. Entre por completo nessa dor, a ponto de você e ela se tornarem um só.
3. Sinta a nuvem cuspi-lo para fora e fechar-se atrás de você. Diga internamente: "A dor me liberta!" Ao sair da nuvem, sinta-se entrando num domínio de pura luz.

A força superior que você está usando
A força superior que mobiliza toda a vida se manifesta como uma incessante Força Propulsora. A única maneira de se conectar com essa força é impulsionar sua vida e, para tal, você precisa enfrentar a dor e ser capaz de superá-la. A Inversão do Desejo lhe permite fazer isso. Quando a ferramenta conecta você à Força Propulsora, o mundo se torna menos intimidante, sua energia aumenta e o futuro parece mais promissor.

CAPÍTULO 3

A ferramenta: Amor Ativo

A força superior: Entrega

Era minha primeira sessão com Amanda, uma mulher ambiciosa e elegantemente vestida, de 20 e poucos anos, que entrou em meu consultório com a força de um exército invasor. Estava tendo um problema com o namorado e exigia uma solução imediata.

– Nós estávamos numa festa e ele, tipo, não olhou para mim nem falou comigo a noite inteira. Ele passou o tempo todo num cantinho, dando em cima de uma garota que trabalha no *balcão de cosméticos de uma loja de departamentos* – disse ela, carrancuda. – Em que mundo ele vive para achar que pode fazer uma coisa dessas? – cuspiu Amanda, em tom de desdém.

Um toque de celular em ritmo de "Someone Like You" nos interrompeu. Amanda sacou seu telefone.

– Não posso falar agora. Reunião! – vociferou ela, e sem titubear se virou para mim e continuou: – Vou explicar: estou abrindo uma empresa de design e confecção de roupas femininas de luxo e nós estamos numa fase "ou vai ou racha". Ou a gente atrai muito dinheiro ou volto a trabalhar como garçonete – disse ela, empinando o nariz. – Toda noite me encontro com potenciais investidores. Blake, meu namorado, sabe que tem que ir a esses encontros e que o trabalho dele é me ajudar a causar uma boa impressão, não me humilhar com uma vadia qualquer!

Para minha surpresa, à medida que explorávamos o relacionamento dos dois, ficou claro que, em muitos quesitos, Blake era o par perfeito para Amanda. Extremamente bonito e refinado, era o namorado ideal para ser "exibido" em público, e, como não fazia parte do mundo da moda (era médico pesquisador), seu ego não estava envolvido na carreira dela. Ele agia com elegância perante o estilo volúvel e dominador da namorada. Na verdade, ele se enquadrava tão bem nas necessidades dela que Amanda insistiu que fossem morar juntos logo depois de terem se conhecido.

– Parece que o relacionamento é promissor – arrisquei.

– Claro que é. Eu nunca tive um relacionamento tão longo.

– É mesmo? Há quanto tempo vocês estão juntos?

– Quatro meses. – Eu comecei a rir e então percebi que ela não estava brincando. Ela retrucou num tom defensivo: – A indústria da moda é implacável com relacionamentos.

Não era a indústria – era Amanda. Uma pessoa que invadiu meu consultório como um exército em guerra com certeza teria problemas com relacionamentos. Infelizmente, ela não se dava conta disso.

Tentei dizer da maneira mais delicada que pude:

– Você acha que tem algum padrão se repetindo em seus relacionamentos que os faz terminar tão rápido?

– Eu não estou nem aí para padrões – disse Amanda, irritada. – Uma amiga minha que é paciente sua me prometeu que você não perderia tempo falando do passado. Tudo o que eu quero é que você me ajude a retomar o controle do meu namorado.

Tentei conter um sorriso.

– Eu posso ajudar você, mas não a controlar alguém... Enfim, vamos deixar isso de lado por enquanto. Por que você não me conta o que aconteceu depois?

O que aconteceu foi que, no carro, no caminho de volta para casa, Amanda deu uma bronca em Blake, parecendo uma senhora que se dirigia a um humilde criado. Dessa vez, porém, em vez de ouvir de cabeça baixa, Blake educadamente enfrentou a namorada:

– Para mim já é um sacrifício ir a esses eventos chatos. Eu só vou porque você quer que eu vá. Então, pela primeira vez no nosso relacionamento, eu me soltei da coleira e me diverti, e você vai brigar comigo por isso?

Amanda ficou chocada. Durante o resto do trajeto de volta para casa, o silêncio reinou, mas a cabeça de Amanda estava a toda. Ficou remoendo como tinha sido maltratada pelo namorado. Como um disco arranhado, não parava de dizer a si mesma: "Eu estou pondo o meu na reta, construindo um negócio para nós dois numa indústria superexigente – e ele é incapaz de me cortejar como mulher numa única situação?" Amanda começou a fantasiar uma vingança. Pensava em transar com um modelo da revista *GQ* conhecido seu e armar para que Blake os pegasse no flagra bem quando estivessem atingindo o clímax. Quando chegaram em casa, ela estava exausta, mas os pensamentos continuavam como se tivessem vida própria. Amanda ficou acordada a noite toda, com a cabeça a mil.

Na manhã seguinte, Blake fez o melhor que pôde para melhorar o clima. Ele a surpreendeu com café da manhã completo na cama, incluindo flores frescas. Mas Amanda não quis saber de nada daquilo. Ela não apenas se recusava a falar com ele, como nem sequer lhe dirigia o olhar. Na verdade, os pensamentos horríveis da noite anterior estavam ainda mais fortes. Agora incluíam uma lista das imperfeições de Blake, até mesmo as mais insignificantes, como a maneira como ele pigarreava. Tudo isso começou a se manifestar fisicamente nela.

– Quando ele estava perto de mim, eu sentia calafrios. Eu não aguentava nem ficar no mesmo cômodo que ele.

– Você já teve uma reação extrema desse tipo com outros namorados? – perguntei.

– Só quando eles mereciam – respondeu ela, olhando para mim.

– E com que frequência isso acontecia?

Amanda desatou a chorar. Todos os seus relacionamentos tinham acabado assim. O cara fazia alguma coisa que despertava a raiva dela, como Blake havia feito. Ela deu de ombros.

– Depois disso eu não consigo mais amar a pessoa. Como minhas amigas falam, é um "caminho sem volta".

O LABIRINTO

O que Blake fez magoou Amanda; talvez tivesse sido até de propósito. Mas coisas assim acontecem com qualquer casal e podem ser resolvidas num relacionamento saudável. O verdadeiro problema nesse caso era a reação de Amanda – ela se retraiu para um estado de total inflexibilidade que fez com que a reconciliação se tornasse impossível. Dali em diante, não era Blake quem estava prejudicando a relação; era ela. E ela havia feito isso repetidas vezes, afastando até os caras mais compreensivos.

Existem diferentes versões do estado no qual Amanda entrou. Ela se retraiu; outros explodem ou entram em modo de ataque. O problema, contudo, é o mesmo: a pessoa está tão presa na armadilha da mágoa e da raiva que não consegue seguir adiante.

Todo mundo entra nesse estado, até mesmo pessoas que se consideram calmas e racionais. Basta haver o estímulo certo. Isso pode ser desencadeado por alguém próximo, que é capaz de magoar você apenas com um olhar ou um tom negativo, mas a causa também pode ser a música alta de um vizinho ou as opiniões políticas de um amigo.

Chamamos esse estado de Labirinto, porque quanto mais fundo você penetra nele, mais difícil é escapar. A pessoa que "ofendeu" você se torna sua obsessão. É como se ela tivesse se instalado na sua cabeça e você não conseguisse tirá-la de lá. Você a amaldiçoa, briga com ela, planeja vingança. Nesse estado, a outra pessoa se torna carcereira, prendendo você no labirinto de seus próprios pensamentos repetitivos.

Pare um pouco agora e pense em alguém que desencadeie esse estado em você. Depois experimente este exercício:

> Feche os olhos e visualize a outra pessoa provocando você. Reaja intensamente, como se a cena estivesse de fato acontecendo. O que você está pensando e como se sente? Observe que esse estado mental é muito distinto.

Você pode ter razão em reagir dessa maneira – *mas isso não importa*.

A partir do momento em que você se encontra dentro do Labirinto, está se prejudicando. Para Amanda, o prejuízo para sua vida pessoal era evidente. Se ela não conseguia superar um incidente sem importância numa festa com o namorado, não havia a menor esperança de que ela pudesse resolver os problemas maiores inevitáveis em qualquer relacionamento. É por isso que os dela terminavam tão cedo. Como é que ela poderia vir a se casar e ter filhos se não conseguia nem passar da primeira briga séria?

Contudo, o Labirinto é uma ameaça para todos os relacionamentos, não apenas para casamentos, pois distorce nossa visão das pessoas. Quando estamos no Labirinto, literalmente esquecemos tudo de bom na outra pessoa – a única coisa em que conseguimos pensar é no mal que ela nos causou. Objetivamente, Blake era um dos melhores caras que Amanda já havia conhecido. Porém, a partir do momento em que ela entrou no Labirinto, não havia mais nada de bom nele; até a maneira como ele pigarreava a tirava do sério.

Essa mesma perda de perspectiva também havia estragado algumas de suas relações profissionais. Amanda tinha perdido a calma com um comprador que estava interessado em vender a coleção dela numa sofisticada loja de departamentos. Ele retaliou firmando parceria com o maior concorrente de Amanda. Ela foi imediatamente tomada de visões angustiantes de si mesma contando gorjetas numa lanchonete. Voltar a trabalhar como garçonete seria um destino pior que a morte, então ela passara os últimos meses engolindo sapo, oferecendo descontos para que o cliente mudasse de ideia. Mais uma vez, o dano tinha sido causado por ela mesma.

O Labirinto não apenas prejudica seus relacionamentos com outras pessoas; prejudica seu relacionamento com a própria vida.

Quando você está no Labirinto, a vida simplesmente passa sem que você perceba.

A maioria das ofensas cometidas pelos outros não causa danos duradouros; se você se desprendesse da mágoa inicial, na mesma hora seguiria adiante com sua vida. Mas isso não acontece. Você cria uma verdadeira obsessão pelo que lhe fizeram no passado. Como consequência, dá as costas para seu futuro.

Um exemplo clássico é o adulto que ainda culpa os pais por terem destruído sua vida. Ele entrou no Labirinto há muito tempo e nunca saiu, dando a si mesmo uma desculpa pronta para desistir assim que enfrenta qualquer tipo de dificuldade. Não consegue escrever um livro porque os pais nunca reconheceram seu talento. Recusa-se a namorar, culpando a falta de carinho do pai por sua timidez.

Esses são exemplos de como o Labirinto pode prejudicar você por toda a vida. Existem também exemplos de curto prazo. Amanda era madrinha da filha de uma amiga. Ela e a amiga tiveram uma pequena discussão que terminou com Amanda profundamente enfiada no Labirinto. Como de costume, ela cortou qualquer tipo de contato com a amiga. Depois de alguns meses, Amanda descobriu que tinha perdido o primeiro aniversário da afilhada.

– Vou me arrepender disso pelo resto da minha vida – ela me contou.

Como terapeuta, eu já havia testemunhado o alto preço pago por aqueles que entravam no Labirinto: inúmeras horas perdidas, oportunidades incríveis desperdiçadas, *uma quantidade enorme de vida que não tinha sido vivida.*

A coisa mais frustrante a respeito do Labirinto é que, mesmo depois que conseguimos enxergar o que ele nos custou, ainda achamos impossível escapar. Amanda não era exceção. Depois de algumas sessões, ela percebeu que era sua pior inimiga. Mas essa constatação não a ajudou a retomar o controle de sua mente. A raiva, as fantasias de vingança e os sentimentos de mágoa tinham força própria.

– Cheguei ao ponto de não conseguir suportar meus próprios pensamentos. Consigo fazer com que eles parem por um segundo. Mas então eu me lembro de Blake me acusando de ser controladora e começa tudo de novo.

JUSTIÇA

Por que é tão difícil sair do Labirinto?

Estamos presos por causa de uma expectativa humana universal de que o mundo vá nos tratar de maneira justa. Essa é uma suposição infantil, à qual nos apegamos: "Se eu for bom, o mundo será bom comigo." Deveríamos saber que as coisas não funcionam assim – o mundo viola essa suposição todos os dias. Alguém lhe dá uma fechada no trânsito, um cliente é grosseiro com você. Porém, apesar das provas incontestáveis, nos agarramos às nossas concepções pueris.

Enquanto insistir que a vida deve tratá-lo de maneira justa, você exigirá que a balança da justiça seja equilibrada sempre que alguém lhe fizer uma ofensa. Você baterá o pé e se recusará a recuar até que isso aconteça. É por isso que o Labirinto quase sempre envolve fantasias de vingança ou reparação. Você se empenha numa tentativa fútil de restituir a justiça ao seu mundo.

Na maior parte do tempo, você não tem consciência dessa sua expectativa de justiça. Mas ela está sempre lá, como pano de fundo. Isso significa que você está sempre na porta do Labirinto, prestes a ser engolido a qualquer momento. Basta uma mera injustiça – qualquer uma – para que, num piscar de olhos, você se encontre preso sem saber como sair.

A FORÇA SUPERIOR: ENTREGA

Não é fácil abrir mão de nossa expectativa infantil de justiça. Na minha experiência, é só quando sentimos algo maior, melhor e mais poderoso do que a justiça que paramos de esperar por ela. A primeira vez que experimentei isso foi por acaso, quando era ainda bem pequeno.

Eu tinha em torno de 5 anos e meus pais levaram a gente para ver a neve, o que deveria ter sido empolgante para quem vivia no sul da Califórnia. Porém, de alguma forma meu pai me magoou no caminho de ida – não lembro como. O que lembro, contudo, é que entrei no Labirinto. Fiquei sentado no banco traseiro do carro bem atrás do meu pai, fulminando sua cabeça com os olhos. Desejei a ele todas as torturas possíveis. Se o ódio fosse inflamável, a cabeça dele teria explodido.

Quando chegamos ao destino, minha família saiu do carro, mas eu me recusei a me mover. Cruzei os braços e fiquei lá, sentado. Minha mãe tentou me convencer com palavras doces. Minha irmã desceu uma ladeira de trenó e voltou para me contar como havia sido divertido. Até meu pai tentou me fazer sair do carro. Mas quanto mais eles tentavam me convencer, mais eu batia o pé.

No fim das contas, eles acabaram desistindo. Foi então que aconteceu algo muito estranho. Eu olhei para fora do carro e vi um cachorrinho farejando de um lado para o outro, perdido e tremendo no estacionamento. Sem pensar duas vezes, abri a porta, saí correndo para pegá-lo e o trouxe de volta para o carro quentinho. Ele lambeu meu rosto. De repente, tudo mudou. Fui tomado de amor por aquele cãozinho indefeso e assustado. Senti meu coração se abrir, se expandir. Tudo parecia tão diferente; era como se o universo tivesse saído do eixo. Eu não odiava mais meu pai, eu o amava, até queria ser como ele – ele tinha me ensinado a proteger os animais. Aquela atitude teimosa, emburrada e mimada que tinha me dominado sumiu de repente. Eu me sentia mais adulto, como se estivesse acima de toda aquela infantilidade mesquinha.

Saí correndo do carro e chamei meu pai. Ele veio me ajudar a encontrar o dono do cachorro e me disse que estava muito orgulhoso de mim. Até hoje ainda me espanto com a rapidez com que tudo mudou. Minha família vibrava enquanto eu descia a ladeira de trenó. Eu ria e chorava ao mesmo tempo. Era como se eu tivesse escapado da prisão. Durante todo o caminho de volta para casa, eu estava rindo e cantando. Consegui até pedir desculpas, meio sem jeito como um garoto de 5 anos, por ter sido tão bobo.

Mesmo sendo criança, percebi que aquilo tinha a ver com algo muito além do meu amor pelo cachorrinho. O que tive foi uma experiência avassaladora de uma força superior tão poderosa que me levou para fora do Labirinto, além dos meus sentimentos mesquinhos de mágoa e da minha raiva obstinada. Senti uma poderosa onda de amor por tudo e todos – ela me deu força para superar meu orgulho ferido e minha raiva.

Eu havia experimentado algo completamente diferente daquilo que costumamos chamar de "amor". A maioria de nós pensa nesse sentimento em sua forma inferior. Você só sente amor quando a outra pessoa está lhe agradando. É o tipo de amor que você sente por sua filha quando ela ri para você com adoração, ou por seu companheiro quando ele está especialmente atraente. Essa forma de amor é fraca, pois é uma reação a circunstâncias externas.

O truque para sair do Labirinto é gerar uma forma de amor independente de suas reações imediatas. Afinal de contas, foram suas reações que o fizeram entrar no Labirinto para começo de conversa.

Foi isso que senti aos 5 anos. Era maior que minhas reações pessoais, maior que eu. Esse é o amor em sua forma superior. Nós temos um nome para esse tipo de amor: "Entrega".

A Entrega é uma força infinita, espiritual, que se doa sem restrição. É como a luz do sol, brilhando igualmente sobre tudo e todos. No momento em que sente essa força, você se eleva acima de seus sentimentos mesquinhos de mágoa. Você não precisa mais de nenhuma reparação da pessoa que o ofendeu, porque a Entrega é sua própria recompensa. Ao contrário da justiça, é uma recompensa com um valor real: ela permite que você siga em frente com a vida.

Que fique claro: entrar num estado de Entrega não significa ceder nem ser passivo diante de injustiças. Nós não estamos aconselhando você a aceitar tudo de cabeça baixa e deixar que as pessoas o maltratem. A Entrega muda seu estado *interior*; *externamente*, você ainda está livre para responder como bem entender. Na verdade, você vai descobrir que, ao acessar essa força superior, você ficará livre para agir com *mais ímpeto* caso deseje confrontar alguém. Enquanto você estiver no Labirinto, ainda precisará de algo da pessoa que o ofendeu. Isso dá ao ofensor o poder de intimidar você. Com a Entrega, conectado a uma força superior, você não tem nada a temer.

A FERRAMENTA: AMOR ATIVO

Pense na Entrega como uma enorme onda de energia abundante, doando-se ao mundo. Embora ela esteja sempre à nossa volta, não conseguimos percebê-la até estarmos nós mesmos num estado de doação. Quando nos doamos de coração, nos deixamos levar pela Entrega como um surfista se deixa levar pelo mar para pegar uma onda.

O difícil é se colocar nesse estado sempre que quiser, em especial quando você está com tanta raiva que parece impossível. Nessas horas, você não pode esperar passivamente que algo abra seu coração, como o cachorrinho quando eu tinha 5 anos. Você tem que fazer um esforço consciente para gerar amor quando alguém lhe fizer uma ofensa. Para a maioria de nós, isso parece antinatural. Como crianças, esperamos que o amor seja algo fácil, que não requeira esforço. Para crescermos espiritualmente, precisamos entender que ser amoroso de verdade exige muito trabalho.

Para a maioria de nós, trabalhar o amor não é algo natural – precisamos de uma ferramenta. A ferramenta se chama "Amor Ativo" porque combina esses dois elementos. O trabalho que se faz ao usar a ferramenta cria um minifluxo de amor dentro de você, colocando-o em sincronia com uma onda maior, universal, de Entrega cósmica.

Você deve usar o Amor Ativo sempre que alguém o irritar, provocar ou induzir você a entrar no Labirinto. É um modo confiável de acessar a Entrega. Agora você terá o poder de se libertar do Labirinto em qualquer circunstância. Ninguém poderá colocar sua vida em suspenso.

Leia sobre a ferramenta antes de tentar usá-la. Ela é dividida em três passos.

Amor Ativo

Imagine que você está cercado por uma luz líquida, calorosa e que emana um amor infinito. Sinta seu coração se expandir muito além de você para se tornar um só com esse amor. Ao trazer seu coração de volta ao tamanho normal, essa energia infinita se concentra dentro de seu peito. É uma força de amor irrefreável que deseja se doar.

Concentre-se na pessoa que despertou sua raiva. Se ela não estiver fisicamente à sua frente (em geral não está), visualize sua presença. Envie todo o amor em seu peito diretamente para ela; não retenha nada. É como expirar por completo após uma inspiração profunda.

Siga o amor que sai de seu peito. Quando ele entrar na outra pessoa pelo plexo solar, não se limite a observar. Sinta esse amor entrar. Isso fará você se sentir em comunhão com a outra pessoa. Agora relaxe – você se sentirá novamente cercado de amor infinito. Ele lhe devolverá toda a energia que você doou. Você se sentirá preenchido e em paz.

Cada um dos três passos tem um nome para que você possa memorizá-los facilmente.

O primeiro passo se chama "concentração". Você está reunindo todo o amor à sua volta e concentrando-o em seu coração – o único órgão capaz de encontrar e conter esse sentimento.

O segundo passo se chama "transmissão". Seu coração funciona como um condutor, transmitindo amor de um plano superior para este mundo.

O verdadeiro poder da ferramenta está no terceiro passo, que se chama "penetração". Quando você *sente* o amor que está transmitindo entrar na outra pessoa, há um sentimento de total aceitação; uma aceitação que só a experiência de unidade pode proporcionar. É uma vitória: você abraçou a injustiça completamente e está livre para seguir em frente. Com esse novo poder, ninguém pode colocar você no Labirinto. Ninguém é capaz de segurá-lo.

Essa capacidade de se livrar do efeito produzido pelas ações dos outros se aplica até mesmo quando você não conhece a pessoa. O exemplo clássico é quando alguém lhe dá uma fechada no trânsito e você não consegue identificar o infrator. Também se aplica a organizações inteiras, como os Correios ou o Departamento de Trânsito. A beleza da ferramenta é que não é preciso saber de quem você está com raiva; você está usando a ferramenta para si mesmo. Imaginar a aparência física da pessoa ou do grupo de pessoas não diminui em nada o poder da ferramenta. É provável que você o faça naturalmente. O que importa é que você tenha uma imagem, real ou imaginada, na qual possa derramar seu amor. Essa é a ação que permite que você se liberte.

Agora que conhece a ferramenta, toda vez que se sentir ofendido ou maltratado você terá uma escolha. Você pode não fazer nada e voltar para o Labirinto, onde ficará preso no passado vendo a vida passar; ou pode usar o Amor Ativo, entrar em comunhão com a Entrega e seguir em frente com sua vida. Diante do choque inicial de uma ofensa, todos nós esquecemos que temos essa escolha, mas a figura a seguir nos ajuda a lembrar.

```
         ENTREGA        →   LIBERDADE PARA
A escolha    →   →   →      SEGUIR EM FRENTE
            →   →              COM A VIDA
              →
```

PRESO NO PASSADO

LABIRINTO

O bonequinho é você, logo após ter sofrido a injustiça. A seta de baixo significa que você não faz nada; efetivamente, você escolheu entrar no Labirinto. A seta de cima significa que você escolheu passar pelos três passos do Amor Ativo. Com isso, você se une à Entrega e fica livre para avançar em direção ao futuro. Muitos pacientes visualizam essa imagem quando se sentem ofendidos ou maltratados e então se lembram de que têm uma escolha.

COMO USAR O AMOR ATIVO

Pratique esses três passos agora – concentração, transmissão, penetração. Repasse-os diversas vezes para poder usar a ferramenta de memória. A ideia é que você consiga completar os três passos rapidamente, mas com intensidade.

Lembre-se de que existem deixas para cada ferramenta deste livro. A deixa mais óbvia para o Amor Ativo é quando alguém aborrece você; pode ser qualquer coisa, desde seu filho deixar de levar o lixo para fora ou um colega roubar sua ideia no trabalho. Normalmente, você teria uma reação exagerada. Pode ser que sua raiva seja desproporcional ou você não consiga se livrar dela; ou as duas coisas, provavelmente. A deixa é a raiva: assim que a sentir, lance mão do Amor Ativo e continue usando-o até recobrar seu senso de proporção e seguir em frente.

A segunda deixa tem a ver com uma raiva menos óbvia, porém tão frequente quanto a primeira. Essa raiva não é causada por nada que esteja acontecendo agora. Você está reagindo à memória de algo que lhe foi feito semanas ou mesmo anos atrás. Permitir que uma memória coloque você no Labirinto é tão prejudicial quanto reagir a algo que acaba de acontecer. Todos nós temos uma poderosa tendência a remoer injustiças passadas. No meio de um dia ótimo, você se pega pensando em alguém que o esnobou num casamento ou num colega que tentou queimar seu filme com a chefe. É nesses momentos que você precisa usar o Amor Ativo.

Por fim, o Amor Ativo pode ser utilizado como uma preparação para lidar com pessoas difíceis. Cada um de nós conhece pelo menos uma ou duas pessoas que são tão nocivas que entramos no Labirinto só de pensar nelas. A figura clássica é a sogra, mas pode ser um cônjuge, filho ou chefe. Quando antevemos uma discussão com essas pessoas, perdemos um tempo enorme pensando em como elas vão nos tratar e como vamos reagir. Isso não nos prepara de modo algum para a interação; é apenas outra versão do Labirinto.

A única maneira de se preparar de fato para esses encontros é usando o Amor Ativo. Na verdade, você deve usá-lo sempre que pensar nessas pessoas. O resultado é que elas vão deixar de tomar tanto espaço na sua mente. A partir do momento em que você consegue sair sozinho do Labirinto, a outra pessoa deixa de exercer tanto poder, e você adquire muito mais confiança para lidar com ela.

Se você seguir essas deixas fielmente, passará a viver com menos ressentimento e raiva, e livre das pessoas que sempre conseguiram irritar você.

Mas atenção: nem sempre é fácil se forçar a usar o Amor Ativo. Quando estamos no meio de um acesso de raiva que, a nosso ver, é justificado, sentimos que *não deveríamos* enviar amor para a pessoa que nos deixou nesse estado. Em geral, pensamos no amor num contexto moralista ou religioso. Tentamos ser amorosos porque é a coisa "certa" a fazer. Porém, o conceito abstrato de "fazer a coisa certa" não é suficiente para mudar nosso comportamento quando nos sentimos ofendidos. Amanda colocava a questão nestes termos: "Se você me ferrou, eu vou ferrar você de volta. Eu não sou Gandhi, eu trabalho na indústria da moda."

Nunca peço a meus pacientes que usem o Amor Ativo porque é "o certo" a se fazer. Peço que usem porque é do interesse deles. Lembro-lhes que eles não querem viver num estado de raiva, nunca. Não porque seja moralmente errado, mas porque é doloroso e debilitante. A moral é importante, mas há momentos em que não é forte o suficiente para nos motivar. Nessas horas, é preciso encontrar algo que atue como uma motivação mais poderosa: nosso interesse pessoal.

A outra razão pela qual é difícil usar o Amor Ativo é o fato de que a raiva é uma emoção altamente *reativa* – só de vermos o rosto da outra pessoa, até em nossa imaginação, a raiva pode aumentar e fazer com que se torne impossível gerar amor. Se isso acontecer com você, experimente esta técnica simples: quando usar a ferramenta, visualize a outra pessoa sem rosto. O rosto de uma pessoa é seu aspecto mais identificável. Um corpo sem rosto poderia pertencer a qualquer um. Ao enviar amor à outra pessoa, visualize apenas o tronco dela e mire a energia diretamente no plexo solar. Isso tira o foco do outro e coloca você de volta em sua tarefa, que é gerar Entrega.

Quando sua meta é gerar Entrega, independentemente das circunstâncias, é útil pensar nela como uma substância, como a água. Se você trabalha num lava a jato, sua função é lavar completamente cada carro. Não importa se pertence a um santo ou ao seu pior inimigo – seu trabalho é lavar cada veículo igualmente.

Mas você verá que trabalhar com essa forma de amor é mais recompensador do que trabalhar com qualquer outra substância. Quando você doa amor, termina com mais do que tinha no início. Ao contrário da água, se você tem meio copo de amor e o dá de beber a seu inimigo, o copo voltará cheio para você. É por isso que você se sentirá pleno e em paz no passo final do Amor Ativo.

PERGUNTAS FREQUENTES

Sem dúvida, a maior objeção que ouvimos à utilização das ferramentas deste livro é que elas requerem muito esforço. Discutimos isso no Capítulo 1, mas é bom repetir aqui. Entendemos que, em momentos de estresse, a última coisa que você quer ouvir é que precisa fazer *mais alguma coisa*.

Mas lembre-se: ao usar as ferramentas, você é recompensado com muito mais energia do que investe. Só há um jeito de explicar isso: as ferramentas abrem a porta para as forças superiores e suas infinitas energias. O Amor Ativo é um bom exemplo. Você doa toda a sua energia, mas quando termina tem mais do que tinha quando começou. É por isso que seu copo pela metade sempre volta cheio até a borda. Essa é uma experiência imediata do infinito.

Reiterando: como seres humanos, podemos ter acesso ao infinito, mas precisamos nos esforçar para consegui-lo; ele não vem de graça.

Aqui estão algumas das perguntas que costumam ser feitas a respeito do Amor Ativo:

1. Ao usar o Amor Ativo não estou permitindo que a outra pessoa saia impune após ter me desrespeitado?

Nossa reação natural quando nos sentimos desrespeitados é confrontar a outra pessoa. Infelizmente, em geral estamos no Labirinto quando fazemos isso. Confrontar alguém quando estamos com raiva nunca inspira respeito; pode despertar raiva e medo, mas nunca respeito. (Se duvida disso, imagine alguém descarregando sua raiva em cima de *você* e pense em como você reagiria.)

As pessoas são mais perceptivas do que você pensa: quando as confronta, elas intuem o que você está sentindo – amor ou ódio –, pois isso lhes diz que valor o relacionamento tem para você. Transmitir ódio é o mesmo que dizer que o relacionamento não significa nada; você, portanto, está disposto a destruí-lo. É por isso que o seu ódio desperta tão rapidamente ódio na outra pessoa. Isso é verdade até quando você está numa posição de autoridade e precisa supervisionar outros funcionários. Intimidá-los ou maltratá-los não vai lhes inspirar lealdade.

Um ótimo comunicador acredita que existe uma reserva de boa vontade na maioria dos relacionamentos, mesmo que ela esteja temporariamente ausente. A única maneira de ativar essa boa vontade potencial é entrar num estado de Entrega antes de confrontar alguém. Isso sinaliza que você ainda valoriza o relacionamento. Ao sentir isso, a outra pessoa fica muito mais propensa a absorver o que você está dizendo e a reagir de maneira respeitosa. De vez em quando, o Amor Ativo não funciona porque a outra pessoa não tem nenhuma boa vontade. Nesse caso você não perde nada, pois nunca teria conseguido o respeito dessa pessoa de qualquer forma. Na verdade, você sentirá uma confiança tranquila, em vez das emoções cruas e obsessivas que tomavam conta de você no Labirinto, pois passará a ver a outra pessoa com clareza.

Para a maioria de nós, o Amor Ativo cria um novo modelo de confrontação. *Antes* de dizer qualquer coisa à outra pessoa, antes mesmo de estar na presença dela, use a ferramenta diversas vezes; continue até sentir que está entrando num estado de Entrega. Depois que se encontrar nesse estado, você estará pronto para o confronto. Isso permitirá que você seja assertivo sem soar hostil.

Pode parecer estranho usar o amor como preparação para um confronto, mas faça esse teste com a mente aberta e se surpreenda com os resultados.

2. Não quero usar o Amor Ativo porque ele é uma mentira. Não é falsidade enviar amor para alguém que você de fato odeia?

A psicologia nos treinou para pensar que devemos comunicar todos os nossos sentimentos sinceramente, porque as emoções representam "a verdade" de uma situação. Isso é uma falácia. As emoções representam apenas uma parte da verdade. Tomemos o exemplo de Amanda e Blake: ela realmente o odiou quando ele permitiu que outra mulher monopolizasse sua atenção na festa. Porém, antes da festa, ela o amava. Então, dizer que o ódio de Amanda representava toda a verdade do relacionamento dos dois – a teia complexa de sua vida juntos – é uma simplificação exagerada e absurda. A "verdade" é sempre multifacetada.

É provável que você já tenha tido a experiência de relembrar uma briga e ficar impressionado com quão irritado ficou com algo que agora parece risivelmente insignificante. No momento da ira, você pensa em todo tipo de coisa que parece ser "verdade", mas que de fato apenas reflete sua raiva naquele momento. Expressar-se ou agir com base nessa "verdade" é loucura; nenhum relacionamento sobreviveria a esse tipo rígido e literal de "sinceridade".

É uma perda de tempo pensar que você conhece a verdade absoluta sobre outra pessoa. Tudo o que consegue com isso é a sensação de estar "certo": o prêmio máximo de consolação. A única coisa que realmente ajuda é o poder de remodelar o relacionamento de maneira positiva. Mas você não conseguirá fazer isso enquanto estiver preso às suas reações imediatas; o Amor Ativo lhe dá o poder para transcendê-las.

Esse é o verdadeiro poder da abordagem espiritual na psicologia. Ela ensina você a ativar forças superiores que são mais poderosas que suas emoções. Essas forças não substituem suas emoções, mas as transformam. Ao parar de desperdiçar energia com aborrecimentos superficiais, você será tocado mais profundamente pelas coisas importantes da vida.

3. No primeiro passo da ferramenta, não consigo acreditar que exista um mundo de amor. O que devo fazer?

Apesar de não estar consciente disso, na verdade você *resiste* a sentir esse mundo de amor. Resiste por ele ser poderoso demais. O ego humano não gosta de experimentar nada mais poderoso do que ele mesmo.

Você pode contornar isso se concentrando em seu coração, que não tem necessidade de se engrandecer. Imagine ter um forte senso de vulnerabilidade e carência em seu coração, quase como se seu peito estivesse implorando. Direcione seu senso de carência para esse mundo de amor. Quanto mais profundamente você puder sentir essa carência, mais real se tornará o mundo de amor.

Dedicar um segundo a abrir seu coração dessa forma faz com que você se prepare para usar a ferramenta. Com essa prática, seu coração amolecerá e se tornará um poderoso canal para as forças superiores.

A princípio, vai parecer estranho sentir-se vulnerável numa situação hostil. Prepare-se para isso colocando-se nesse estado quando estiver sozinho. Como qualquer outra habilidade, isso requer prática. É por isso que um jogador de tênis treina com uma máquina de lançar bolas antes de enfrentar um adversário de carne e osso.

Quanto mais comprometido com esse estado de vulnerabilidade, mais poderoso você se sentirá. Isso surpreende a maioria das pessoas, pois elas não entendem o que é o verdadeiro poder. O verdadeiro poder não vem de você, como indivíduo, e sim do fato de você estar canalizando algo que lhe é superior.

Quando se tem poder de verdade, não é preciso provar nada a ninguém. Ao se livrar de seu próprio ego, você se eleva. Nesse estado, você pode inspirar aqueles à sua volta a se elevarem também. Só assim o conflito é realmente resolvido.

OUTROS USOS PARA O AMOR ATIVO

E se você não for como Amanda? O Amor Ativo ainda pode ser útil?

Pode, porque, como todas as outras ferramentas contidas neste livro, o Amor Ativo tem uma aplicação muito mais ampla do que teria num único paciente. A seguir descrevo o caso de outros três pacientes que usaram o Amor Ativo em situações distintas. Em cada caso, a ferramenta permitiu que eles desenvolvessem uma força que não tinham antes.

O Amor Ativo desenvolve o autocontrole. Não há nada mais destrutivo para você e para aqueles à sua volta do que um temperamento que você não consegue controlar. A única maneira de contê-lo é ter uma ferramenta que funcione naquele exato momento, desarmando a bomba antes que ela exploda.

As explosões de Ray costumavam acontecer em lugares públicos. Bastava que alguém esbarrasse nele na calçada ou lhe desse uma fechada no trânsito para que ele perdesse o controle. Porém, como não tinha nenhuma outra definição de masculinidade, quando se sentia desrespeitado ele já estava metido numa briga antes mesmo que se desse conta. Aos 40 anos, ainda brigava com estranhos na rua. O problema chegou ao fundo do poço quando dois rapazes num carro o cortaram enquanto ele tentava entrar na autoestrada. Eles foram embora rindo, mas Ray os seguiu por quilômetros, batendo na traseira do carro deles. Eles pegaram a pista de saída, mas Ray continuava atrás deles, então os dois rapazes pararam o carro e saíram, segurando tacos de beisebol. Foi um momento decisivo.

– Ali eu soube que estava velho demais para exigir respeito de jovens arruaceiros e arrumar briga com eles.

Pensar não resolveria o problema de Ray. Ele precisava de uma ferramenta que funcionasse assim que se sentisse ameaçado. Eu o ensinei a usar o Amor Ativo nesses momentos. A ferramenta não apenas lhe permitiu se controlar, mas fez algo ainda mais profundo: deu a ele a experiência da verdadeira masculinidade.

– Cada vez que consigo me segurar e não perco o controle, eu me respeito mais. Os arruaceiros podem pensar o que quiserem.

O Amor Ativo aumenta a assertividade. *Não há nada mais frustrante do que estar com raiva de alguém e sentir-se incapaz de expressá-la. Quanto mais a raiva aumenta, mais perigoso parece o confronto. Uma ferramenta que desarma sua raiva permite que você se imponha com segurança.*

Marcy trabalhava no departamento de cobrança de um escritório de advocacia havia anos. O departamento era gerenciado por Al, um contador vinte anos mais velho que ela. Marcy não possuía diploma universitário, mas era a funcionária mais inteligente e confiável que ele tinha. Embora recorresse a ela sempre que havia um problema, Al a tratava de maneira rude e desdenhosa no restante do tempo. Marcy era passiva demais para se defender. No entanto, depois de três anos sem aumento, ela estava se roendo por dentro, cheia de fantasias sobre como iria confrontá-lo. Isso fazia com que ele parecesse ainda mais intimidador.

Pedi a ela que usasse o Amor Ativo toda vez que estivesse perto do chefe. Para a surpresa de Marcy, isso fez com que ele parecesse menos intimidador, mais humano. Ela por fim chegou a um ponto em que se tornou capaz de enfrentá-lo. Num estado de Entrega, ela conseguiu falar calmamente e com autorrespeito. Marcy conseguiu o aumento que merecia.

O Amor Ativo treina você para aceitar os outros como eles são. *Todas as pessoas em sua vida são imperfeitas, seja por algo que fizeram no passado ou por algo que não conseguem mudar no presente. Fixar-se nessas coisas destrói relacionamentos. Você precisa de uma ferramenta que lhe permita aceitar as pessoas apesar dos defeitos que elas possuem.*

Mark queria se casar com a namorada, mas não conseguia superar o passado dela. Na verdade, não superava uma parte muito pequena do passado dela. Muito antes de os dois se conhecerem, ela teve um relacionamento com um aspirante a astro do rock. Ela tinha 23 anos, pouca experiência de vida e achava aquele cara o máximo. Ele a levou para seu estilo de vida de sexo, drogas e rock and roll. Depois de seis meses, ela se cansou e caiu fora. Só que Mark não conseguia deixar tudo isso de lado. Sentia-se ofendido por ela ter feito sexo com um cara que era um notório mulherengo, e ainda pior era o fato de ela ter usado drogas com ele. Era como se ela tivesse sido contaminada pela experiência; como se ela tivesse uma mancha que nunca poderia ser removida. Um telefonema de alguém que conhecesse o ex-namorado, uma fotografia antiga ou até uma música eram suficientes para despertar a obsessão labiríntica de Mark pelo que ela havia feito quando estava com o outro. Sua imaginação corria solta e ele a interrogava a respeito do relacionamento, fazendo perguntas capciosas para tentar fazê-la cair em contradição. O que realmente o incomodava era que aquele passado, fosse lá o que tivesse acontecido, era irrevogável. Não havia maneira de restaurar a "pureza" dela.

A única alternativa de Mark era se treinar para aceitar a namorada. Ele passou a usar o Amor Ativo toda vez que sua obsessão recomeçava. Isso enfraqueceu o domínio que o passado da parceira exercia sobre ele. Mark aprendeu a confiar nela pela pessoa que ela havia efetivamente se tornado no presente.

RESUMO DO AMOR ATIVO

Para que serve a ferramenta
Serve para quando você não consegue tirar da cabeça a pessoa que o ofendeu de alguma forma. Talvez você fique remoendo o que ela fez ou fantasie uma vingança. Esse é o Labirinto. Ele deixa sua vida em suspenso enquanto o mundo segue em frente sem você.

Contra o que você está lutando
Contra a crença infantil de que as pessoas vão tratar você de maneira "justa". Você se recusa a seguir adiante até que a justiça seja feita. Como isso raramente ocorre, você fica preso e sua vida empaca.

Deixas para usar a ferramenta
1. Use o Amor Ativo assim que alguém fizer algo que deixe você com raiva.
2. Use-o quando estiver remoendo uma injustiça, tenha ela ocorrido no passado distante ou recente.
3. Use-o antes de confrontar uma pessoa difícil.

A ferramenta em poucos passos
1. Concentração: Sinta o coração se expandir para englobar o mundo de amor infinito que está à sua volta. Ao se contrair de volta ao tamanho normal, ele concentra todo esse amor dentro de seu peito.
2. Transmissão: Envie todo o amor contido em seu peito para a outra pessoa, sem reter nada.
3. Penetração: Quando o amor entrar na outra pessoa, não fique apenas observando. Sinta esse amor entrar, como se vocês dois fossem um só. Então relaxe, e você sentirá voltar toda a energia que doou.

A força superior que você está usando
O Amor Ativo cria Entrega. Entrega é a força que aceita tudo como é. Ela dissolve seu senso de injustiça para que você possa doar sem reservas. Depois que tiver alcançado esse estado, nada fará com que você recue. Você é o principal beneficiário; nada poderá contê-lo.

CAPÍTULO 4

A ferramenta: Autoridade Interior

A força superior: Força da Autoexpressão

O filho de uma paciente minha tinha acabado de ser aceito por um time de futebol da primeira divisão. Isso era uma excelente notícia no bairro de West Los Angeles, onde eles viviam. Minha paciente, Jennifer, dava grande apoio à carreira de atleta do filho. Normalmente hesitante e insegura, nessa ocasião Jennifer tinha feito tudo o que podia para influenciar a decisão do treinador. Falou com ele diversas vezes, trocou e-mails com um jornalista esportivo local e abordou todas as pessoas cuja opinião pudesse ser levada em conta na decisão. Isso tudo era pelo privilégio de dirigir até uma parte obscura do sul da Califórnia para se sentar debaixo de um sol de rachar e assistir a um jogo cuja complexidade ela não entendia. Seu filho tinha 10 anos.

Jennifer viera de uma cidadezinha do interior e tinha sido a primeira da família a terminar o ensino médio. Assim que pôde, escapou para a cidade grande, usando sua notável beleza para conseguir um trabalho como modelo. Mas, por dentro, ela nunca havia escapado completamente. Apesar de algum sucesso, Jennifer não conseguia deixar de sentir que as pessoas no bairro nobre em que morava eram melhores que ela – mais inteligentes, mais sofisticadas, mais seguras. Em sua imaginação, eram membros de um grupo do qual ela nunca poderia fazer parte.

Jennifer tinha prometido a si mesma que o filho jamais se sentiria excluído como ela. Ao contrário, ele iria para a universidade – não qualquer universidade, mas uma de primeira linha, como Harvard ou Yale. O clube de futebol era apenas o primeiro passo nessa cruzada para atacar os baluartes da alta sociedade. De lá, ele iria para um curso preparatório, depois para uma universidade seleta e *voilà*: seria aceito no grupo.

O pai de Jennifer, que ainda vivia na mesma cidadezinha, sentia-se ofendido pelo plano da filha. Para ele, aquilo cheirava a elitismo.

– Meu neto vai acabar bebendo vinho branco em vez de cerveja.

– Desde que seja um vinho branco caro – era a resposta dela.

Nem é preciso dizer que, quando o treinador ligou para dar a boa notícia, Jennifer ficou eufórica. Porém, isso não durou muito. Desde o primeiro dia de treino, Jennifer se sentiu uma estranha. Muitos dos outros meninos tinham pais que eram advogados e empresários bem-sucedidos; o pai de seu filho era um idiota que a tinha abandonado assim que ela ficou grávida. Os outros pais treinavam com os filhos as sutilezas do futebol, como dribles, cobranças de pênalti e regras de impedimento. Jennifer não conseguia lembrar nem para que serviam os cartões amarelo e vermelho.

O pior, no entanto, eram as mães. Quando chegava aos treinos, Jennifer as via sempre reunidas num grupinho, em conversas intermináveis. Às vezes ela as pegava lançando olhares estranhos em sua direção. Elas nunca abriam espaço para Jennifer se sentar com o grupo.

– Elas nunca vão me aceitar. Elas já acham que eu sou ralé.

– Como você sabe o que elas estão pensando? – perguntei. – Você já chegou a falar com elas?

Incentivei-a a se aproximar daquelas mães. Na semana seguinte haveria uma reunião de pais para planejar o transporte para a próxima temporada de partidas fora de casa. Apesar de achar que era uma péssima ideia, ela se forçou a ir. Como sempre, foi sozinha. Não deu certo.

– Eu queria me apresentar, mas, cada vez que eu chegava perto de alguém, eu congelava... Minha boca ficava seca; minha voz, completamente trêmula. Eu parecia uma louca. Saí de lá o mais rápido que pude.

Todo mundo tem momentos como esse; você quer causar boa impressão, mas seu cérebro e seu corpo traem você. Chamamos esses momentos de "congelamento". Os sintomas de Jennifer eram típicos – boca seca, tremor e "bloqueio cerebral", uma incapacidade de lembrar informações ou mesmo de formar frases coerentes. Há pessoas que perdem a noção exata do próprio corpo; derrubam objetos sem querer ou esbarram nas coisas. Momentos de congelamento variam de leves, quando a pessoa sente uma rigidez desconfortável, a extremos, quando literalmente não consegue se mexer ou falar, como um animal assustado.

Todos nós já passamos por algum tipo de congelamento. É comum as pessoas acharem que isso costuma ocorrer na frente de um grande grupo, mas com frequência pode ser uma pessoa específica que faz com que você congele – por exemplo, seu chefe ou sua sogra. Neste capítulo, quando usamos a palavra "plateia", não significa necessariamente um grupo de pessoas; pode ser até mesmo um único indivíduo. "Plateia" significa apenas alguém cuja opinião a seu respeito seja importante naquele momento.

Costuma-se achar também que congelamos por causa de situações específicas, como, por exemplo, um encontro com uma pessoa que nos intimide ou uma apresentação para um grande grupo. Contudo, o congelamento na verdade é causado por uma insegurança interior; uma insegurança da qual você pode nem estar ciente até perder sua capacidade de se expressar.

Vejamos como isso funciona na sua vida:

> Feche os olhos e se imagine diante de uma pessoa ou de um grupo de pessoas que lhe cause insegurança. Concentre-se em seu próprio corpo físico. Identifique qualquer sintoma de congelamento mencionado anteriormente. Como é tentar se expressar sentindo esses sintomas?

Se você for como a maioria das pessoas, a sensação será estranha e desconfortável. Porém, um certo incômodo não importaria se fosse o único preço a se pagar pela insegurança. Infelizmente, ela custa muito mais que isso.

O PREÇO DA INSEGURANÇA

A insegurança destrói nossa capacidade de nos conectar com as outras pessoas. Com o passar do tempo, a insegurança nos torna rígidos e desinteressantes para os outros e, paradoxalmente, também nos torna menos generosos. Pessoas inseguras são tão obcecadas com a percepção de terceiros que não dão quase nada de si mesmas. Como resultado, sentem-se ainda mais excluídas.

O que aconteceu com Jennifer é o exemplo perfeito. Depois da reunião de pais, ela não tinha mais nenhuma dúvida de que todos a desprezavam. O treino de futebol se tornou uma tortura. Em sua imaginação, ela era agora *persona non grata*. Ela caminhava em direção a seu lugar solitário no topo da arquibancada como uma prisioneira que percorre o corredor da morte, desviando o olhar e com o coração a mil. Ficou obcecada maquinando várias maneiras de ser aceita pelos outros pais. Numa certa semana, ela me declarou sua descoberta triunfal:

– Descobri! É o meu sotaque! Ainda tem resquícios da minha entonação caipira. Eu já marquei uma consulta com um fonoaudiólogo.

Felizmente, antes que ela perdesse muito tempo e dinheiro, o destino interveio. O time alugou um ônibus para a primeira partida fora de casa. Enquanto o filho conversava alegremente com os colegas na parte de trás do ônibus, Jennifer tomou coragem, inclinou-se para a frente e puxou conversa com algumas mães que estavam sentadas diante dela. A princípio, as mães pareceram um pouco desconfiadas, mas depois foram se afeiçoando e acabaram admitindo a verdade. Durante todos os treinos, viam essa modelo de perfeitas proporções passar com um ar confiante, vestindo roupas nas quais elas dariam tudo para caber. Ela nem se dignava a dizer oi.

– Você parecia ser supermetida e não estar nem aí para a gente!

A reunião de pais só piorou as coisas – os maridos só falavam daquela mãe solteira sexy que tinha desaparecido misteriosamente antes do fim da noite. Algumas delas ficaram tão desesperadas que contrataram personal trainers. Elas riram quando Jennifer admitiu que havia ido a um fonoaudiólogo.

Para Jennifer, foi constrangedor admitir que sua perspectiva havia se deturpado. Tinha passado a ver os outros pais como uma raça de seres distintos e superiores que, além de dominar as infinitas sutilezas do futebol, criavam filhos confiantes e bem-comportados em famílias intactas e financeiramente estáveis.

– Agora percebo como isso era uma loucura. A vida da maioria delas é uma bagunça.

O mais importante é que Jennifer percebeu que tinha se tornado obcecada consigo mesma, até fechada.

– A verdade é que eu era antipática – admitiu. Isso fazia com que os outros pais se sentissem inseguros a respeito dela. Para eles, ela parecia uma bela predadora que conseguiria tudo o que quisesse e deixaria para trás um rastro de famílias destruídas.

A insegurança arrebatou esse grupo de adultos maduros e racionais como uma infecção oportunista. Ambos os lados estavam completamente equivocados a respeito um do outro e, até que conseguissem se conectar, nenhum deles veria a realidade de maneira clara. Se Jennifer tivesse dado ouvidos à sua insegurança, um grupo inteiro de famílias teria permanecido isolado de sua vida e da vida de seu filho.

Conectar-se com os outros é também um ingrediente essencial para o sucesso. As oportunidades mais importantes da vida vêm de outras pessoas. Seria bom se essas oportunidades fossem dadas com base em méritos, se fossem recompensas por nosso talento ou esforço. O mundo, porém, não funciona assim. *As pessoas lhe dão oportunidades porque se sentem conectadas com você.* Conheço um exemplo extremo disso. Meu melhor amigo é um físico teórico de nível internacional que leciona numa grande universidade e é membro da prestigiosa Academia Nacional de Ciências. Ele tem um colega de capacidade muito superior à dele, mas que nunca foi nomeado para a Academia. Por quê? Porque a insegurança desse colega o torna competitivo, invejoso e uma pessoa difícil de trabalhar. Apesar de sua capacidade superior, essa insegurança limitou seu progresso profissional.

Jennifer tinha seus próprios problemas para se conectar com os outros, mas por uma razão menos óbvia. Antes de eu a conhecer, ela havia tentado trocar a carreira de modelo pela de atriz. Foi fácil atrair um agente, mas os testes foram mais complicados. A parte mais importante de qualquer teste é se conectar com as pessoas que estão avaliando seu desempenho. Ela memorizava as falas perfeitamente, mas suas atuações eram tão artificiais que quem assistia ficava entediado. Depois da enésima rejeição, o agente a dispensou.

– Você é esforçada e seu visual é perfeito – disse ele. – Mas durante os testes você vira um robô. Talvez você deva procurar um psicólogo.

Ela ainda não estava pronta. Imaginou que pudesse se livrar da insegurança sozinha. Entrou numa campanha não muito diferente da empreitada que fizera para que o filho fosse aceito pelo time de futebol. Contratou um preparador de atores. Escreveu todas as suas aspirações e visualizou-se ganhando um Oscar. Essa verdadeira guerra contra sua insegurança fez com que ela se sentisse melhor apenas por um curto período. Em pouco tempo, o sentimento negativo – "Ninguém gosta de você" – havia voltado com força total.

Repetidamente, vimos como é difícil se livrar da insegurança. Fatos e lógica não funcionam. Pessoas inseguras muitas vezes não medem esforços para alcançar uma meta que acreditam que fará com que se sintam melhor – perdem peso; obtêm um diploma de pós-graduação; trabalham 24 horas por dia, sete dias por semana, para conseguir uma promoção. Mas o sentimento de inadequação sempre volta; a insegurança parece ter vida própria.

Por que é tão difícil se livrar da insegurança?

A resposta pode parecer muito estranha a princípio. Dentro de cada um de nós há um *segundo eu*, um ser vivo do qual sentimos uma profunda vergonha. Não importa quanto se esforce, você nunca consegue se livrar desse segundo eu.

A SOMBRA

A ideia de um segundo eu vivendo dentro de você pode parecer inacreditável. Mantenha a mente aberta e acompanhe o que aconteceu com Jennifer.

Depois que ela percebeu que sua insegurança era irracional, pedi que fechasse os olhos:

– Volte para a reunião de pais em que você congelou; recrie todos aqueles sentimentos instáveis que você teve. – Ela concordou com a cabeça. – Agora empurre os sentimentos para fora, coloque-os na sua frente e lhes dê um rosto e um corpo. Essa figura é a personificação de tudo o que deixa você insegura. – Fiz uma pausa. – Quando estiver pronta, me diga o que você vê.

Houve um longo silêncio. Jennifer se encolheu de repente, então piscou e abriu os olhos.

– Argh! – exclamou ela numa careta. – Eu vi uma menina de 13, 14 anos, cheinha, maltrapilha. Tinha o rosto pálido, coberto de espinhas... uma criatura patética.

Jennifer tinha acabado de ver sua Sombra.

A Sombra é tudo aquilo que não queremos ser, porém estamos convencidos de que somos, representado numa única imagem. Chama-se Sombra porque nos segue por onde quer que a gente vá.

O grande psiquiatra suíço Carl Jung foi o primeiro a dizer que todos têm uma Sombra, independentemente de suas realizações, de seus talentos ou de sua aparência. A Sombra é um dos muitos "arquétipos" com os quais nascemos. Um arquétipo é uma maneira padronizada de perceber o mundo. Por exemplo, todo mundo nasce com um senso de como deve ser uma mãe. Jung chama isso de mãe "arquetípica". A mãe arquetípica não deve ser confundida com sua verdadeira mãe biológica, mas certamente terá um impacto sobre o que você espera dela. Existem muitos arquétipos – Mãe, Pai, Deus, Diabo, entre outros – e cada um tem um efeito profundo sobre nossa experiência no mundo.

A Sombra é diferente de todos os outros arquétipos num sentido: os outros afetam a maneira como você enxerga o mundo; *a Sombra determina como você se enxerga.* Pegando o exemplo de Jennifer: para os outros, ela era uma modelo linda, de perfeitas proporções, com cabelo e maquiagem impecáveis. Porém, para si mesma, ela era uma gata de rua feiosa, uma pária. Não é de admirar que se sentisse insegura.

Agora você pode entender por que é tão difícil se livrar da insegurança. Pode-se eliminar um defeito específico, mas não se pode eliminar a própria Sombra. Ela faz parte de qualquer ser humano.

Vamos descobrir a aparência da sua Sombra.

> Volte para o sentimento que teve no último exercício: você está diante de um grupo de pessoas, sentindo-se inseguro e preocupado com a impressão que está causando. Concentre-se nas emoções que isso desperta. Agora empurre esses sentimentos para fora, coloque-os na sua frente e imagine-os formando uma criatura com corpo e rosto.

Você acaba de ver sua Sombra. Guarde bem a aparência dela. Não se preocupe em ter a imagem "certa"; ela não existe. A Sombra de cada pessoa é diferente. Qualquer que seja a aparência da sua, deve ter qualidades perturbadoras: o mulherengo bonitão cuja Sombra mais parece um gigante desajeitado; a diretora-executiva de uma multinacional cuja Sombra parece uma menina solitária e chorona de 8 anos. Pode ser antipática, feia ou estúpida. Conforme você for trabalhando com ela, a aparência pode mudar.

A Sombra é a fonte de um dos conflitos humanos mais básicos. Todo mundo quer sentir que tem valor como indivíduo. No entanto, quando olhamos para dentro de nós, vemos a Sombra e sentimos vergonha. Nossa reação imediata é desviar os olhos –

olhar *para fora* de nós à procura de provas de nosso valor. Como resultado, buscamos a aprovação e a legitimação dos outros.

Se você duvida que essa busca por atenção seja assim tão generalizada, basta perceber como idolatramos celebridades. Achamos que, por terem obtido o reconhecimento do mundo, elas devem ser felizes e seguras. Apesar dos repetidos casos de internações em clínicas de reabilitação, relacionamentos fracassados e humilhações públicas, continuamos acreditando que ser o centro das atenções dá a elas o senso de valor que tanto almejamos.

A indústria publicitária gasta bilhões de dólares todos os anos – tudo para se aproveitar de nossa necessidade de aceitação. Toda propaganda se resume a uma mensagem simples: se comprar nosso produto, você será aceito, amado e se sentirá incluído; caso contrário, estará condenado a ficar sozinho com sua Sombra. Isso reforça nossa crença de que a autoestima pode ser adquirida da mesma forma que compramos uma casa ou um carro.

O problema é que a aprovação dos outros, por maior que seja, não afeta em nada nossa autoestima, pois não pode eliminar nossa Sombra. Sempre que estivermos sozinhos e nos voltarmos para dentro, lá estará nossa Sombra, nos causando vergonha e sentimento de inferioridade. Phil e eu já vimos pacientes famosos que são constantemente cobertos de elogios e bajulados pela imprensa. Esse tipo de idolatria não melhora a autoestima deles; pelo contrário, faz com que se tornem frágeis e infantis. Eles se tornam dependentes de atenção, como um bebê depende de sua chupeta.

Seja você uma celebridade ou não, ao desejar a aprovação dos outros, está lhes dando poder sobre você. Eles se tornam figuras de autoridade que definem o valor que você tem. Como imperadores romanos, viram o polegar para cima ou para baixo no que parece uma sentença final sobre o seu valor. Não é de admirar que você congele na presença deles.

A figura abaixo mostra como isso funciona.

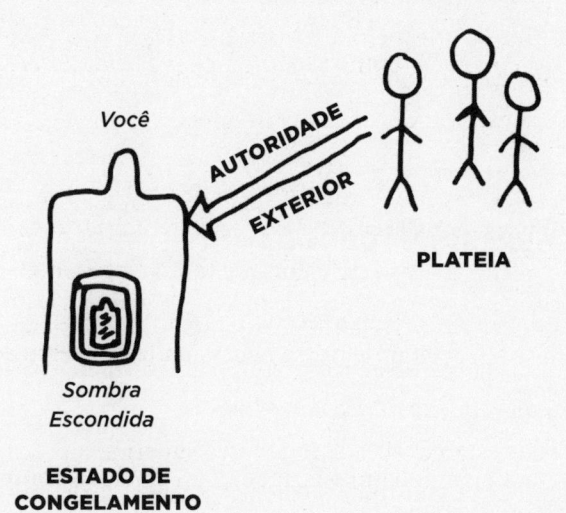

ESTADO DE CONGELAMENTO

Você — **AUTORIDADE EXTERIOR** — **PLATEIA**

Sombra Escondida

A figura mostra o que acontece com alguém que tende a congelar (ou seja, quase todo mundo). A pessoa tem vergonha de sua Sombra e faz o possível para mantê-la escondida dentro de si. Isso é ilustrado pela caixa em torno da figura sombreada denominada Sombra Escondida. As figuras da plateia são grandes porque, de acordo com a pessoa, elas têm o poder de definir seu valor. Esse poder chega até ela por meio da seta denominada Autoridade Exterior. Por estar escondendo sua Sombra, a pessoa congela.

Como a figura mostra claramente, olhar para fora não funciona melhor do que olhar para dentro; em ambos os casos, o verdadeiro senso de autoestima parece nos escapar.

Existe um modo de encontrá-lo e isso envolve um segredo profundo. O que parece ser uma Sombra fraca e inferior é, na verdade, o canal para uma força superior. E é somente essa força superior que pode nos dar um senso permanente de autoestima.

Que tipo de força superior escolheria se expressar através de uma parte de nós que desprezamos? A melhor maneira de entender sua natureza é por meio de experiências que você já teve com ela; experiências que você provavelmente desprezou ou esqueceu por terem acontecido durante sua infância.

A FORÇA SUPERIOR: FORÇA DA AUTOEXPRESSÃO

Observe as crianças, especialmente quando estão brincando. Elas não são inibidas nem inseguras. Expressam-se de maneira livre e exuberante. *Elas quase nunca congelam.*

Isso porque estão cheias de uma força superior, a Força da Autoexpressão. Ela possui uma qualidade mágica: faz com que nos revelemos de uma forma verdadeira, genuína, sem nos preocuparmos nem um pouco com qual será a reação das outras pessoas. Consequentemente, quando estamos conectados a essa força, falamos com uma intensidade e uma clareza fora do comum.

Todos nós já vivenciamos essa força em algum ponto da vida adulta. Talvez tenha acontecido com você durante uma discussão animada sobre algo que lhe é pessoalmente importante, enquanto consolava um amigo num momento de crise ou até mesmo ao contar uma história para seus filhos dormirem. Não importa a circunstância, o fato é que você se entregou à experiência e permitiu que a Força da Autoexpressão falasse através de você, tornando-se um canal para algo mais sábio e espontâneo que seu eu normal. Há alívio e prazer nisso.

A palavra falada não é a única maneira pela qual a Força da Autoexpressão se manifesta. Há um grau de autoexpressão em quase toda atividade humana. Um exemplo é a escrita. Um paciente nosso descreveu sua experiência da seguinte forma:

– Quando terminei meu roteiro, tive a sensação de que eu não tinha escrito nada daquilo. Eu simplesmente não sou tão bom assim. Parecia que tudo havia sido ditado e eu tinha apenas passado as palavras para o papel.

Funciona até sem palavras. Quando um atleta ou um músico diz que está "em transe", é porque está realmente conectado à Força da Autoexpressão. Observe um grande jogador de basquete fazer uma jogada impossível. Ele não está pensando "Que área está livre?" ou "Que altura tem o jogador da defesa adversária?". Ele parou de pensar, pôs-se de lado e deixou essa força superior assumir o controle. Na verdade, qualquer empreendimento humano pode oferecer uma oportunidade para que essa força se expresse.

Ao se conectar com a Força da Autoexpressão, você permite que uma parte sua que normalmente está em silêncio fale. É o seu eu mais profundo que está falando. Esse eu profundo tem autoridade própria, que não depende da aprovação dos outros. As crianças falam e agem naturalmente em harmonia com esse eu profundo. É assim que elas conseguem se expressar com tamanha entrega.

Porém, conforme crescemos e nos tornamos adultos, vamos nos afastando desse eu interior. Toda a nossa atenção e nossa atividade concentram-se no mundo exterior. Começamos a buscar aprovação nesse mundo lá fora e, quando chegamos à adolescência, almejamos a aceitação de nossos colegas como se isso fosse o Santo Graal.

Isso cria um novo problema: precisamos esconder qualquer coisa a nosso respeito que possa desagradar aos outros. Por incrível que pareça, o esconderijo se torna nosso próprio eu interior. Passamos a usá-lo como um saco de lixo, jogando dentro dele tudo o que é inaceitável a nosso respeito. O eu interior continua lá, mas agora está enterrado debaixo de nossas piores qualidades.

No processo, transformamos algo que era belo – o eu interior – em algo que desprezamos: a Sombra. Ela pode parecer a pior parte de nós, mas, na verdade, é a entrada para o eu interior. Somente quando essa entrada é aberta, conseguimos realmente nos expressar.

Contudo, não é fácil atingir essa meta quando passamos a vida toda escondendo nossa Sombra; é preciso uma ferramenta poderosa.

A FERRAMENTA: AUTORIDADE INTERIOR

Há uma grande diferença entre essa ferramenta e as duas anteriores. A Inversão do Desejo e o Amor Ativo evocam forças superiores que são independentes dos obstáculos que superam. Porém, no caso dessa terceira ferramenta que você vai aprender agora, a força superior se manifesta no próprio obstáculo. A ferramenta transforma a Sombra num canal para a Força da Autoexpressão.

Para explicar como isso funciona, é preciso entender como Phil descobriu a ferramenta.

Eu tinha decidido apresentar num seminário algumas das novas ideias que vinha desenvolvendo. Estava bastante nervoso. Falar para um grupo inteiro de estranhos num contexto formal é muito mais assustador do que ter uma sessão individual com um paciente no conforto de um consultório. Tive visões aterrorizantes de que congelava na hora, esquecia completamente o que queria dizer ou simplesmente não conseguia falar. Para evitar essa humilhação, escrevi tudo em cartõezinhos, caso me desse um branco.

O resultado foi um desastre.

Agarrando os cartõezinhos com toda a força, fiquei totalmente travado diante da plateia. Li o que tinha escrito numa voz monótona, levantando o olhar compulsivamente para avaliar o que eles estavam pensando. A reação não poderia ter sido pior: eles estavam com pena de mim. Eu queria me enfiar num buraco bem fundo, mas não tinha nenhum por perto.

Após duas horas dessa tortura, fizemos um intervalo. A plateia se reuniu em pequenos grupos, falando baixo, como se estivessem num enterro. Estavam sem graça demais para ir conversar comigo. Fiquei sentado sozinho no palco, me sentindo radioativo. Não tinha a menor ideia de como apresentaria a segunda parte do seminário.

Então, em meu momento de maior desespero, algo muito estranho aconteceu.

Na minha imaginação, vi uma figura se aproximando de mim. Parecia real. Era uma versão jovem e magrela de mim – inocente, hesitante e profundamente envergonhada. Representava meu pior medo: de ser visto como uma criança inexperiente, hesitante, quando queria ser visto como uma autoridade em minha área. Apesar da minha reação, a figura não ia embora; a despeito de sua aparência, ela me encarava com raiva.

Eu tinha a estranha sensação de que ela estava me oferecendo ajuda. Sem entender por que, de repente me senti energizado. Espontaneamente, eu me levantei e caminhei com avidez em direção à plateia. Eles perceberam e de imediato voltaram a seus lugares, provavelmente se perguntando por que eu estava com aquele sorriso enlouquecido quando antes meu rosto parecia feito de pedra. Antes de me dar conta do que estava fazendo, joguei fora minhas anotações, abri a boca e, durante as duas horas seguintes, fui tomado por uma força que nunca tinha sentido. Falando completamente de improviso, fiz uma apresentação apaixonada de minhas ideias. De modo surpreendente, não parei em nenhum momento para pensar no que ia dizer; tudo saiu com muita naturalidade da minha boca. Durante toda a apresentação, senti a nítida presença da Sombra. Na verdade, parecia que ela e eu estávamos falando como um só.

No final, a plateia aplaudiu de pé.

Minha intuição sempre havia me dito que a Sombra escondia algo valioso, mas naquele dia eu experimentei esse tesouro em primeira mão. Foi quando já havia perdido completamente a esperança de impressionar a plateia que a Sombra apareceu – eu não precisava mais escondê-la. Para meu grande choque, sua aparição não destruiu minha capacidade de me expressar, mas a aumentou. Sem me preocupar mais com o que a plateia achava de mim, eu me expressei com uma autoridade que antes desconhecia.

Por mais incrível que tenha sido a experiência, não passou de uma amostra grátis do poder da Sombra. Eu não poderia contar que aquilo aconteceria de novo espontaneamente. Resolvi que precisava encontrar uma ferramenta que meus pacientes e eu pudéssemos usar para aproveitar o poder de autoexpressão da Sombra.

A ferramenta se chama Autoridade Interior e significa exatamente isso. Não é uma autoridade que vem da aprovação de outra pessoa; é a autoridade que só se pode obter quando se está falando de seu eu interior.

Para usá-la, é preciso ser capaz de enxergar uma imagem de sua Sombra. Você já a viu uma vez; na seção sobre a Sombra, você projetou diante de si seus sentimentos de insegurança até que formassem um ser que você pudesse enxergar. Tente fazer a mesma coisa agora. Não se preocupe em conseguir a imagem "certa"; ela estará em constante evolução. O mais importante é que você sinta uma verdadeira presença em sua frente. Pratique a evocação da Sombra até que isso se torne fácil.

Você vai aprender a ferramenta usando uma plateia imaginária. Não importa se é uma plateia de uma só pessoa ou um grupo, se é formada por estranhos ou por pessoas que você conhece. A única coisa que importa é que seja uma plateia diante da qual você se sinta inseguro. Você vai usar a ferramenta para se descongelar, pois há algo que precisa ser expressado.

AUTORIDADE INTERIOR

Imagine-se de pé, diante de uma plateia de uma só pessoa ou de várias. Visualize uma imagem de sua Sombra, num canto, virada para você. Desvie todo o foco da plateia e vire-se para a Sombra. Sinta uma ligação indestrutível entre vocês dois – unidos, vocês são destemidos.

Juntos, você e a Sombra se voltam para a plateia e comandam silenciosamente: "ESCUTEM!" Sinta a autoridade que emerge quando você e sua Sombra falam com uma só voz.

Depois de usar a ferramenta, é provável que você se sinta como se tivesse liberado um espaço para a livre expressão. Tudo o que tem a fazer é permanecer em conexão com a Sombra. Caso você não se sinta livre, repita a ferramenta até criar uma sensação de fluidez.

A ferramenta é feita de três passos: projetar a imagem da Sombra; sentir uma ligação com ela; e, então, comandar silenciosamente a plateia para que ela escute você. Pratique esses passos até conseguir completá-los rapidamente. A intenção é que eles se tornem um hábito; assim você poderá usá-los diante de outras pessoas mesmo no meio de um discurso.

Conforme você pratica a ferramenta, a aparência da Sombra pode mudar. Isso não é ruim. Como tudo que é vivo, a Sombra evolui. O mais importante é que a presença dela forme uma ligação indestrutível que você consiga sentir.

A imagem abaixo mostra como a Autoridade Interior funciona.

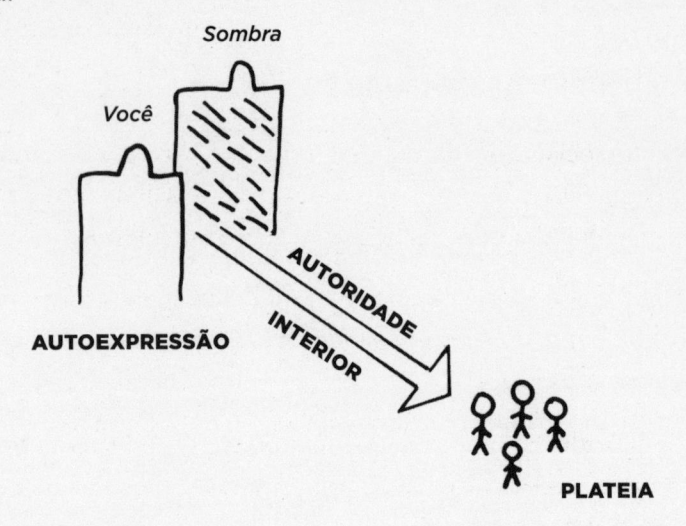

A pessoa na figura tirou a Sombra de seu esconderijo. A Sombra está agora do lado de fora da pessoa e ligada a ela. Falando com uma só voz, elas evocam a Força da Autoexpressão. Essa força superior dá à pessoa Autoridade Interior, indicada pela seta que vai em direção à plateia. As figuras que ilustram a plateia são pequenas e estão abaixo da pessoa porque não representam mais uma ameaça.

É assim que o poder expressivo do eu interior é liberado

através da conexão com a Sombra. Quando você se tornar um praticante avançado da ferramenta, conseguirá se expressar livremente em situações que antes fariam você congelar.

QUANDO USAR A AUTORIDADE INTERIOR

A Autoridade Interior deve ser usada toda vez que você se sentir pressionado com relação ao seu desempenho. Isso é muito mais comum do que você imagina, se você incluir na definição de "desempenho" qualquer situação em que esteja sujeito ao julgamento e às reações de outras pessoas. Pode ser uma entrevista de emprego, uma reunião de vendas, uma apresentação ou um evento social delicado, como um encontro às cegas ou uma grande festa. Dizer que essas situações estão relacionadas ao seu desempenho não quer dizer que você precise fingir ser quem não é. Na verdade, a meta não é tentar obter a aprovação da plateia. Em vez disso, você usa a ferramenta para superar essa pressão e se expressar livremente.

Mais do que qualquer outra ferramenta descrita neste livro, a Autoridade Interior não funciona se você esperar por um "grande" evento – como falar na frente de centenas de pessoas – para usá-la pela primeira vez. Esses eventos são tão intimidadores que você com certeza vai congelar, a menos que se prepare especialmente para eles. Se você praticar a ferramenta diversas vezes quando estiver sozinho até que ela se torne natural, em breve estará pronto para experimentá-la na frente dos outros. Comece usando a ferramenta quando estiver perto de alguém que *não lhe cause ansiedade* – como um parente, uma colega de trabalho, sua melhor amiga ou seu cônjuge. A maioria de nós sente alguma necessidade de aceitação, mesmo perante essas pessoas.

Agora você está pronto para enfrentar situações mais tensas. Pode ser um confronto ou um pedido de ajuda que você não se sente à vontade para fazer. Coloque-se nessas situações intencionalmente e use a Autoridade Interior bem no meio do processo. Quanto mais você fizer isso, menos intimidado se sentirá.

Depois que a Autoridade Interior se tornar uma parte natural de sua vida cotidiana, você poderá usá-la para "grandes" eventos, como apresentações públicas importantes. Ao usar a Autoridade Interior nessas ocasiões intimidadoras, algo incrível vai acontecer: você começará a desejar que elas cheguem logo. Não porque sejam completamente tranquilas, mas porque você ficará empolgado com a perspectiva de se expressar.

Aprender a usar a Autoridade Interior é como ir aumentando gradualmente os pesos para malhar na academia; é necessário um desenvolvimento constante. Mas você também precisa de uma deixa para lembrar quando deve usar a ferramenta em sua vida diária. Essa deixa constante é a ansiedade do desempenho. Para Jennifer, isso significava obviamente o treino de futebol. A princípio, ela caminhava para a arquibancada sem dizer nada a ninguém; apenas usava a Autoridade Interior repetidas vezes. Isso a ajudava a se acalmar e, aos poucos, ela foi reunindo coragem para falar com os outros pais.

Sua consciência da ansiedade do desempenho, no entanto, também a ajudou a perceber que se sentia insegura mesmo quando não estava diante de outras pessoas. Pensando num encontro às cegas que teria em breve, percebeu que estava ansiosa e usou a Autoridade Interior para se acalmar. Ela começou a usá-la até na frente do espelho, pela manhã.

– Eu sou a plateia mais crítica que já enfrentei – admitiu para mim.

Unida à sua Sombra, Jennifer começou a dissipar a insegurança que a tinha perseguido por toda a vida.

Ninguém faz isso numa tacada só. Às vezes você vai usar a Autoridade Interior e se sentir relaxado na mesma hora, conseguindo se expressar com uma facilidade incrível. Mas também haverá situações em que a ferramenta vai parecer mecânica ou apenas não vai funcionar. Não desanime; simplesmente passe para a deixa seguinte. A coisa mais importante que você pode fazer é continuar se conectando com a Sombra sem esperar uma recompensa imediata.

Nossa necessidade de agradar a uma plateia é um hábito profundamente arraigado. A melhor maneira de nos livrarmos desse hábito é substituí-lo por outro mais saudável; ou seja, usar a Autoridade Interior sempre que existir uma oportunidade. Se você fizer isso regularmente, vai aprender a confiar em seu eu interior, não nas reações dos outros.

Todo mundo em algum momento se sente inibido pela necessidade de aprovação. Isso inclui ambos os autores deste livro. Psicoterapeutas também são humanos, e faz parte da nossa natureza humana querer que os pacientes vibrem com o nosso brilhantismo. Porém, nem sempre é isso o que acontece. Às vezes, na verdade, eles nos olham como se fôssemos loucos. Estaríamos mentindo se não admitíssemos que esses momentos representam um desafio direto à nossa confiança. Mas é exatamente esse tipo de momento – em que um paciente precisa abrir sua mente para uma nova maneira de encarar a vida – que é necessário para manter nosso senso de autoridade.

Argumentar em favor de nosso ponto de vista não transmite autoridade, só reflete nossa necessidade de estarmos certos. O que convence um paciente é a profundidade e o entusiasmo com que explicamos nossa abordagem, mesmo quando ela está sendo contestada. Isso só pode vir da Força da Autoexpressão, o que significa que precisamos usar a Autoridade Interior como qualquer outra pessoa.

OS BENEFÍCIOS SECRETOS DA AUTOEXPRESSÃO

Depois de usar a ferramenta por dois meses, algo profundo aconteceu com Jennifer. Percebi essa mudança pela maneira como ela entrou flutuando no meu consultório. Em vez de fitar o chão, ela olhou diretamente para mim, irradiando calor.

– Você não vai acreditar no dia incrível que eu tive – disse ela, ofegante.

Ela havia acordado ansiosa, mas dessa vez não tinha nada a ver com o treino de futebol. Era por causa de um teste para um papel, o primeiro que Jennifer fazia em anos. Logo estava sentada com as outras atrizes numa salinha de espera, nervosa, aguardando sua vez.

– Assim que comecei a ler minhas falas, senti que ia congelar, mas usei a Autoridade Interior rapidamente, duas vezes seguidas – disse ela. – Consegui me acalmar, mas então senti algo mais; como se eu tivesse mudado de marcha.

De repente ela estava de pé, dominando meu consultório como se fosse um palco. Havia uma empolgação quase musical em sua voz.

– Você sabe que eu normalmente fico toda preocupada com o que as outras pessoas estão pensando, não sabe? Pois é, foi como se eu tivesse me esquecido de me preocupar. Minhas falas, meu personagem, minha motivação... tudo isso me veio sem nenhum esforço. – Impressionada com o que tinha feito, ela começou a chorar baixinho. Isso a deixou ainda mais radiante.

E teve mais. Depois do teste, uma amiga do comitê de arrecadação de fundos da escola de seu filho teve uma emergência e perguntou a Jennifer se ela poderia substituí-la na reunião com um doador importante.

– Fiquei petrificada. Mas não podia dizer não; ela já tinha me ajudado várias vezes antes.

A amiga havia despejado em cima de Jennifer uma montanha de dados financeiros, mas, assim que Jennifer foi apresentada ao doador, não conseguia se lembrar de nada. Então usou a Autoridade Interior mais algumas vezes.

– Acho que devo ter realmente conquistado a confiança da Sombra, porque foi ainda melhor do que no teste. Eu simplesmente abri a boca e vários argumentos convincentes começaram a sair. Falei de coração sobre como eu fiquei feliz quando meu filho foi aceito, como foi fácil para ele fazer amigos e quanta coisa ele parece estar aprendendo. E, quando precisei das estatísticas que a minha amiga tinha me passado, consegui relembrar tudo. – Jennifer sorriu. – O doador dobrou a contribuição. Eles querem que eu entre para o comitê de arrecadação de fundos.

Pela primeira vez na vida, Jennifer teve uma real consciência de quem era.

– Me senti mais eu mesma do que jamais tinha me sentido. – Ela também percebeu um estranho paradoxo. – Eu estava falando com a minha própria voz, mas ao mesmo tempo parecia que havia outra voz falando através de mim. Por que será?

Como já dissemos, a Força da Autoexpressão vem por meio de sua Sombra. Só que há algo de maravilhoso a respeito dessa força superior: *ela fala através de você de um jeito que é unicamente seu.* Ela dá a cada um de nós uma voz singular, mas ainda assim todas as nossas vozes vêm da mesma fonte. É por isso que a verdadeira autoexpressão parece vir de algum outro lugar, mas ao mesmo tempo faz com que você seja mais você.

Durante toda a sua vida, Jennifer tivera dificuldade de falar abertamente. Sentia que, se o fizesse, acabaria expondo aquilo de que mais se envergonhava: sua Sombra. Agora as coisas haviam se invertido: falar abertamente era uma oportunidade de se tornar ela mesma por completo. Como ela descreveu:

– Acho que não posso sequer *encontrar* meu verdadeiro eu a menos que o expresse.

Exatamente.

Na verdade, os antigos viam a autoexpressão como a qualidade fundamental do universo. No Gênesis, Deus é descrito como um ser autoexpressivo. Deus *diz* "Faça-se a luz", e a luz é criada. Deus *diz* "Produza a terra plantas e árvores", e assim se faz.

Portanto, é quando estamos nos expressando que nos sentimos mais em harmonia com o universo. Sentimos que pertencemos a ele. Para Jennifer, isso significava parar de questionar seu valor como ser humano; ela não era mais uma excluída inferior sem nada para dizer.

Ela também começou a se sentir parte da comunidade. Descobriu que as pessoas a respeitavam e buscavam seus conselhos. Foi a Sombra que lhe permitiu ter esse impacto recém-descoberto sobre os outros.

A Sombra possibilita a verdadeira conexão humana – ela é a parte de nós que todos compartilhamos. Sem ela, superestimamos o que nos torna diferentes dos outros e nos sentimos isolados deles. Relacionamentos – seja entre diferentes indivíduos, religiões ou nações – só podem funcionar quando usamos nossas Sombras para criar uma ligação universal. Isso nos coloca num estado em que reconhecemos a humanidade até mesmo de nossos oponentes. É a única maneira pela qual podemos desfrutar da liberdade de sermos diferentes e, ao mesmo tempo, coexistirmos.

Tudo isso é possível porque a Sombra se comunica numa linguagem que é comum a toda a humanidade – a linguagem do coração, não das palavras. Por ter uma Sombra, você já conhece essa linguagem. Dois amigos seus podem falar exatamente as mesmas palavras de apoio, mas você conhece a diferença quando um deles realmente demonstra empatia e o outro está desinteressado ou impaciente. Um amigo está falando de coração, o outro não.

Há uma alusão a essa linguagem do coração na história bíblica da Torre de Babel. A história descreve uma raça de pessoas que falava "uma única língua" e vivia uma existência unificada.

Esse estado de unidade era uma dádiva, mas aquelas pessoas abusaram desse dom, propondo a construção de um monumento a seu poder: uma torre que alcançaria os céus. Frustrando sua ambição, Deus confundiu a língua deles, de modo que não mais se entendessem uns aos outros... e dispersou os seres humanos por toda a terra. A interpretação mais comum dessa história é que ela descreve a origem dos diferentes idiomas. Mas existe um significado mais profundo: *mesmo aqueles que falavam a mesma língua não conseguiam mais entender uns aos outros; eles haviam perdido a linguagem compartilhada do coração.*

Nós, que estamos vivos agora, somos o produto disso, e como consequência nossa vida sem dúvida piorou. Perdemos essa linguagem universal e, com ela, todo o senso de uma comunidade humana totalmente inclusiva. Perdemos o senso de pertencermos ao mesmo time e de termos uma obrigação para com algo superior a nós mesmos. Servidores públicos não se sentem mais obrigados a colocar o interesse público acima do próprio; advogados especializados em divórcio instigam conflitos para conseguir honorários mais altos; médicos solicitam exames desnecessários para se resguardar. Nosso discurso público se degenerou numa zona de ataque sem limites, onde nada está a salvo, seja o patriotismo, a aparência ou a vida privada de um oponente.

Temos, contudo, uma oportunidade de sanar isso. A linguagem comum com a qual podemos alcançar uns aos outros ainda vive na Sombra. Isso foi emocionante para Jennifer. Pela primeira vez na vida, ela conseguiu sentir o que era ter um impacto nas outras pessoas. Como sociedade, tendemos a associar a influência a pessoas em posições de poder. Como Jennifer definiu:

– Eu achava que era preciso ser famoso para causar impacto.

Isso é compreensível, mas é um erro pelo qual pagamos um alto preço. Significa que ignoramos as oportunidades corriqueiras de incentivar, inspirar e nos conectar uns aos outros. Você pode usar a Autoridade Interior para se tornar uma força positiva para as pessoas à sua volta, seja inspirando autodisciplina em seus filhos, conectando-se com uma pessoa idosa que esteja solitária ou mesmo trazendo um pouco de leveza a um encontro com um estranho.

Outro equívoco é achar que só podemos ter um impacto real sobre alguém se o dominarmos. Demonstrar empatia pelo sentimento dos outros tende a ser visto como um sinal de fraqueza. Como Jennifer observou brincando, mas num tom amargo:

– Meu pai só conhecia um jeito de exercer sua autoridade: com um cinto. – Esse tipo de liderança gera medo e ressentimento, e por isso enfraquece a si mesmo.

Existe um modo de ser um líder forte sem gerar medo nem ressentimento. Se sua autoridade for baseada na Sombra, você poderá permanecer em contato com os sentimentos dos outros. Ao se sentirem compreendidas, as pessoas querem fazer o que você lhes pede, mesmo que não concordem plenamente. A empatia agora aumenta sua autoridade. Isso é verdade em qualquer contexto, seja com seus amigos, sua família, sua comunidade... Na verdade, até grandes empresas reconhecem o valor de levar em conta o ponto de vista dos outros – o que gera um trabalho de equipe autêntico e duradouro.

A comunidade da qual Jennifer estava começando a se sentir parte se chama Matriz Social. É uma rede interconectada de seres humanos que gera uma energia curativa que não pode ser criada de nenhuma outra forma. Quanto mais conectados nos sentimos uns com os outros, mais felizes somos. Existem até pesquisas indicando que as pessoas que têm senso de comunidade vivem mais e gozam de ótima saúde física e mental.

Mas há também um benefício ainda mais profundo.

Escondida dentro da dinâmica da Matriz Social encontra-se a solução para o problema fundamental enfrentado pela raça humana: como podemos permanecer unidos sem sacrificar nossa liberdade individual? A resposta está na Sombra. Ela carrega a individualidade singular de nosso eu interior, mas vive num espaço de completa conexão com as Sombras de todas as outras pessoas. Contudo, a menos que assumamos responsabilidade pessoal pela ativação de nossa Sombra, tudo isso permanecerá no campo das possibilidades. Se não fizermos a escolha certa, enfrentaremos uma lenta descida ao inferno primitivo e violento ao qual o filósofo Thomas Hobbes apropriadamente se referiu como "a guerra de todos contra todos".

PERGUNTAS FREQUENTES

1. Posso sentir a presença da minha Sombra, mas não consigo vê-la.

Isso não é raro. Algumas pessoas são menos visuais que outras. Se você não consegue ver sua Sombra, pratique sentir a presença dela na sua frente.

Então, quando usar a Autoridade Interior, dirija sua atenção para onde quer que essa presença esteja. Com o tempo, o que começou como uma presença assumirá uma forma visual.

Algumas pessoas têm o problema oposto. Conseguem ver uma imagem de sua Sombra, mas ela não parece ter nenhuma presença real; pode ter a aparência de um boneco palito ou de um personagem de desenho animado.

Em nossa experiência, isso sempre pode ser resolvido por meio da repetição. Trate a imagem como se ela fosse real, mesmo que não pareça, e mais cedo ou mais tarde ela será real para você.

2. Consigo ver minha Sombra quando meus olhos estão fechados, mas não quando estão abertos e eu estou diante de outras pessoas.

Esse problema também é comum. É necessário algum tempo para que você se acostume a ver a plateia com seus olhos físicos enquanto vê a Sombra em sua imaginação. A verdade, porém, é que todo mundo sabe fazer isso. Toda vez que você está absorto numa obra de ficção, seus olhos físicos estão percorrendo as palavras na página, mas em sua imaginação você consegue ver os personagens e o ambiente que os rodeia vividamente.

É a mesma coisa com a Autoridade Interior. Se usá-la repetidamente, será natural ver sua Sombra enquanto estiver com os olhos abertos.

3. Enfocar minha Sombra não vai me distanciar da plateia e me colocar em meu próprio mundo?

Na verdade, é o oposto. Sentir-se intensamente conectado à sua Sombra dá a você uma sensação interior de confiança que dissolve seu medo da plateia. Isso faz com que você fique livre para se conectar com ela. É quando você tenta esconder sua Sombra que fica apavorado pela plateia. É isso que o coloca em seu próprio mundo.

Em nosso trabalho, tanto Phil quanto eu vemos nossa Sombra regularmente, bem no meio de uma sessão de psicoterapia com um paciente, e nunca fomos acusados de parecermos distraídos, desconcentrados ou em outro mundo.

4. Essa prática vai me levar a desenvolver dupla personalidade?

A expressão "dupla personalidade" tem uma conotação específica para profissionais da saúde. Para eles, conota sérios transtornos psicológicos que vão muito além do escopo deste livro.

Contudo, quando um leigo pergunta se a Autoridade Interior vai fazê-lo desenvolver "dupla personalidade", o que ele quer dizer é algo diferente. Ele tem medo de que haja algo de errado em ter um segundo eu dentro de si e não se sente à vontade para falar a respeito. Ele tem medo de que possa ser "louco".

Mas o que acontece é o oposto. Todo mundo tem uma Sombra. A verdadeira loucura é negar sua existência. Ao fazer isso, você está negando todo o seu eu interior. Abraçar sua Sombra é, na verdade, um enorme alívio. E o melhor de tudo: você desenvolve poderes que nem sequer sabia que possuía.

Quando começar esse processo, não desista por medo de que haja algo errado com você. Se você perseverar, mesmo que por algumas semanas, sentirá o inverso – *que está ficando mentalmente saudável*.

5. Conectar-me à minha Sombra não terá um efeito negativo sobre mim? Houve uma época na minha vida em que me tornei a minha Sombra e não foi nada bom. Eu simplesmente cedi às minhas piores inclinações.

Essa é uma objeção quase universal à Autoridade Interior. A Sombra nos é repugnante. Nosso medo é que, quanto mais interagirmos com ela, mais nos tornemos como ela.

O medo é compreensível; a maioria das pessoas se lembra de uma época conturbada em sua vida em que a Sombra as dominava. Geralmente, é nesse período que você se isola do mundo; você se torna indiferente, sente-se inferior ou sem propósito, como se estivesse perdido. Você pode também exagerar no álcool ou na comida. Isso pode ser desencadeado por qualquer coisa – uma rejeição, um revés –, mas com frequência você é afetado sem explicação. A primeira vez é quase sempre na adolescência, mas pode acontecer em qualquer época.

Em momentos como esses, você se torna sua Sombra – ela sequestra sua vida.

Quando isso acontece, a maioria das pessoas não sabe que existe uma alternativa. Phil sentia que, apesar de estar ciente do potencial positivo da Sombra, Jung nunca havia desenvolvido um método prático e confiável de trazê-la à tona. Para isso, seria necessário um modo de se trabalhar com a Sombra em vez de se tornar a própria Sombra. É aí que entra a Autoridade Interior: ela faz de sua Sombra sua parceira. *Quando a Sombra se torna sua parceira, a natureza dela muda.* Só então ela se torna a fonte da autoexpressão livre e espontânea. Sem essa ferramenta, a Sombra não é nada além da soma total de suas piores inclinações.

Ao fazer uso consistente da Autoridade Interior, você cria um *relacionamento* contínuo com a Sombra. Pense nisso como uma parceria na qual cada parte está fornecendo algo que a outra não pode oferecer. A Sombra contribui com a capacidade de se expressar com paixão – algo que você não pode fazer por si só. Mas você leva à Sombra algo de que ela precisa e não pode obter sozinha: o reconhecimento de seus poderes. Você dá isso à Sombra sempre que escolhe usar a ferramenta.

Ao juntar essas energias, você termina com um todo maior que a soma de suas partes. Por mais estranho que pareça, o "melhor de você", sua versão superior, só está presente quando você está nessa parceria constante com a sua Sombra. Esse é o verdadeiro significado da expressão "Eu Superior". O segredo é que o Eu Superior é a combinação de dois opostos: você e sua Sombra.

Se essa parceria se desfizer – ou nunca for formada –, você acabará num estado de desequilíbrio. De um lado, a Sombra assume o controle e o domina com suas tendências de inferioridade, fraqueza e depressão. Por motivos óbvios, Phil deu a isso o nome de "tomada de poder". Do outro lado, você expulsa a Sombra por completo e vive uma vida superficial, sempre ansiando pela aprovação dos outros e incapaz de se expressar profundamente. É comum oscilar entre esses extremos sem sequer se dar conta de que andam de mãos dadas. Infelizmente, a maioria das pessoas acha que essas são suas únicas duas opções.

No entanto, criar um relacionamento equilibrado com a Sombra não é uma escolha ou outra, é um processo. Você precisa trabalhar em parceria com a Sombra o tempo todo. A Autoridade Interior é a chave para fazer isso.

6. Como posso trabalhar com a minha Sombra se ela parece furiosa, destrutiva ou cruel?

Lembre-se: a Sombra é uma imagem de tudo o que você não quer ser. Neste capítulo, estamos lidando com a sua forma mais comum, que chamamos de "Sombra inferior". A inferioridade e a insegurança são os sentimentos mais comuns que temos quando estamos tentando nos expressar diante de outras pessoas.

Há, no entanto, algo mais que não queremos ser. Não queremos nos ver como "maus" ou "malignos". Por "maligno" nos referimos àquela parte de você que tem um impulso de agir por puro interesse próprio, sem levar em consideração nada nem ninguém que esteja interferindo em seus planos. Isso se manifesta em egoísmo, ganância ou, quando suas metas são frustradas, ódio ou raiva destrutiva. Essas qualidades compõem uma segunda Sombra, que chamamos de "Sombra maligna". O fato de que você tem uma Sombra maligna não significa que você seja maligno, assim como o fato de ter uma Sombra inferior não faz de você alguém inferior. Mas ela é uma parte de todas as pessoas. A questão é que as características dessa Sombra maligna são socialmente inaceitáveis e, portanto, não gostamos de admitir que ela existe.

Num próximo livro, vamos ensinar você a impedir que a Sombra maligna aja de maneira destrutiva. Enquanto isso, se esta for a forma dominante assumida pela sua Sombra, você pode sem dúvida usá-la do mesmo modo que descrevemos para a Sombra inferior. Isso não apenas funcionará, como, para muitas pessoas, será a primeira vez que conseguirão usar a Sombra maligna de maneira construtiva.

7. Já li Jung e foi revelador para mim. No entanto, a aplicação de vocês do conceito da Sombra é muito diferente da usada na terapia junguiana clássica. Por quê?

Quero deixar claro que o trabalho de Jung representou um avanço monumental. Ele não apenas expandiu a noção daquilo que se encontra no inconsciente humano, como também desenvolveu um modo novo e ousado de trabalhar com os sonhos. Ele chamava isso de Imaginação Ativa, ou seja, recriar visualmente figuras oníricas – neste caso a Sombra – num estado desperto. Sua meta era integrar a Sombra ao entendimento que o paciente tinha de si, tornando-o completo. Ele chamou esse estado de Self (ou Si Mesmo).

Era uma abordagem profícua que ia muito além da psicoterapia praticada na época. O único problema que encontro é que, às vezes, falta direcionamento a ela. Isso se tornou bastante aparente quando era preciso integrar a Sombra. Os pacientes precisam de instruções claras para acessar seu imenso poder e trazê-la para sua vida cotidiana. Isso era importante demais para deixar ao acaso. Então Phil levou o conceito ao nível seguinte e desenvolveu uma forma confiável de fazer a conexão por meio de um conjunto de ferramentas capazes de acionar o poder da Sombra nos momentos mais necessários.

As ferramentas se aproveitam do fato de que a Sombra é um

ser separado, com sensibilidade e visão de mundo próprias. Ela necessita e merece a mesma atenção que você dedicaria a um relacionamento com outro ser humano. Usando a Imaginação Ativa, Jung deu o brilhante primeiro passo para o cultivo desse relacionamento. Só que ainda havia um problema. Os eventos de nossa vida nos distraem do mundo interior, cortando nosso relacionamento com a Sombra. Phil, contudo, sentiu que era possível usar os mesmos eventos para aprofundar o relacionamento com a Sombra. Congelar na frente de uma plateia é um exemplo. A Autoridade Interior faz da Sombra a solução para o problema e, quando acionada, fortalece nosso relacionamento com ela. A maneira mais profunda de reconhecer a Sombra é torná-la parte de sua vida a cada momento.

OUTROS USOS PARA A AUTORIDADE INTERIOR

A Autoridade Interior lhe permite superar sua timidez inicial, sobretudo perto de pessoas por quem você tem um interesse romântico. Muitas pessoas que têm muito a oferecer num relacionamento nunca se dão a chance de fazer parte de um – conhecer gente nova é assustador demais. As pessoas que conseguem mais oportunidades de se conectar romanticamente não são necessariamente as que seriam as melhores parceiras; são aquelas que mais se expõem.

Jim havia sofrido por toda a vida de uma timidez paralisante. Conhecer gente nova era desagradável; eventos sociais eram assustadores. Mas sua deficiência era ainda mais grave no que dizia respeito ao sexo oposto. Por ser um homem alto, bonito e claramente sensível, muitas mulheres lhe davam uma chance de abordá-las, mas toda vez ele congelava. Paralisado pela inibição, o máximo que conseguia era dar um meio sorriso. Elas interpretavam isso equivocadamente como desinteresse ou arrogância da parte dele e armavam suas próprias defesas. Isso o deixava ainda mais inibido. Quando ele começou a trabalhar a sua Sombra, ela lhe apareceu como um monstro grotesco, mas vê-la claramente era um alívio para ele. Jim começou a praticar a Autoridade Interior sozinho – o simples ato de praticar na frente de um espelho já era um grande passo. Quando o fez, para sua surpresa, sentiu que pela primeira vez na vida conseguia se olhar nos olhos. Então começou a praticar com vendedores de lojas e transeuntes em situações prosaicas, sem muita coisa em jogo. Meses mais tarde, ele chegou ao ponto de conseguir abordar mulheres sem congelar e logo passou a ter uma vida social saudável.

A *Autoridade Interior* lhe permite expressar necessidade e vulnerabilidade. *Muitas pessoas, especialmente homens, se escondem atrás de uma fachada querendo passar a ideia de que têm a vida sob controle e não precisam dos outros para nada. A vida sempre arruma um jeito de derrubar essa fachada e nos colocar numa posição em que precisamos pedir ajuda. Aqueles que não conseguem aceitar isso arriscam-se a perder tudo.*

Harold era um incorporador imobiliário com um ego gigantesco. Assumia grandes projetos que o colocavam em sério risco financeiro. Quando a economia ia bem, isso funcionava. Ele tinha um estilo de vida de luxo e ostentação e só se sentia seguro quando era o centro das atenções, doutrinando os outros. Então o mercado imobiliário começou a ruir e os bancos passaram a cobrar suas dívidas de empréstimo. Sem dinheiro, ele descobriu que tinha poucos amigos. Para evitar a falência, teve que recorrer ao pai, que atuava na mesma área, mas era modesto e conservador – e consequentemente tinha muitas economias. Harold se orgulhava de ter superado o pai; pedir dinheiro a ele destruiria sua fachada de figurão. A Autoridade Interior, que lhe permitiu se comunicar a partir de seu verdadeiro eu profundo, ensinou a Harold que ele podia se virar bem sem a fachada. Depois de muita prática, ele conseguiu pedir ajuda ao pai.

– Foi o primeiro momento sincero que eu tive desde a minha infância – me disse ele.

Com isso, Harold ganhou o respeito do pai. Usando a Autoridade Interior toda vez que falava com ele, Harold conseguiu, dali em diante, construir para ambos um relacionamento verdadeiro.

A Autoridade Interior lhe permite conectar-se com mais emoção àqueles que você ama. *A maneira como você se comunica, especialmente a emoção que expressa, é mais importante que as palavras que usa. Quando você fala sem emoção, não consegue causar impacto suficiente nos outros para formar um verdadeiro vínculo.*

Joe era um radiologista bem-sucedido. Outros médicos o procuravam para diagnosticar seus pacientes. Com um cuidado meticuloso, ele percebia coisas que os outros deixavam passar. Contudo, Joe se sentia mais à vontade com suas imagens computadorizadas do que com seres humanos. Isso era aceitável como radiologista, mas não como pai. Aos 13 anos, sua filha mais velha começou a não querer passar mais nenhum tempo com ele. Ele ficou magoado, mas, quando lhe perguntou o motivo, ela simplesmente saiu da sala, irritada. Ela disse à mãe que o pai não gostava dela e que era um nerd; na primeira vez que ela havia usado um vestido que não era "de criança", ele não tinha esboçado nenhuma reação, a não ser ficar olhando inexpressivamente. Ele tentou se desculpar, dizendo a ela que a amava, mas a filha não se sensibilizou. A esposa lhe disse que não eram palavras que estavam faltando, mas sentimentos. Sentimentos eram um mistério para ele até encontrar sua Sombra. Ela continha todas as emoções com as quais ele havia perdido contato. Ele começou a usar a Autoridade Interior toda vez que falava com a filha e ficou impressionado com o efeito que isso teve no relacionamento dos dois. Conforme foram se aproximando, ela desenvolveu a confiança resultante da certeza de que o pai a amava.

A Autoridade Interior ativa uma força superior na escrita, não apenas na fala. *O bloqueio criativo afeta os escritores quando eles passam a se interessar mais pelo resultado de seus esforços do que pelo processo de escrever. Normalmente, esse bloqueio resulta em tentativas frustradas de fazer um trabalho perfeito e numa dura autocrítica quando fracassam.*

Julie amava escrever roteiros e se perguntava se poderia fazer daquilo uma carreira. Para sua surpresa, o primeiro que ela enviou para um estúdio foi comprado e transformado num filme de sucesso. Ela recebeu então uma excelente oferta para escrever um roteiro para um diretor famoso. Julie agora sentia a pressão de produzir algo tão bom quanto sua primeira obra. Escrever não era mais divertido. Em vez de confiar em seus instintos, ela ficou presa na própria mente, tentando adivinhar o que agradaria aos outros. Começou a criticar duramente tudo o que escrevia. Seus ataques ao próprio trabalho se tornaram tão cruéis que ela simplesmente perdeu a vontade de escrever. A única solução era se reconectar com a parte dela que amava escrever por escrever – sua Sombra. Ela o fez usando a Autoridade Interior durante todo o tempo em que estava escrevendo. Direcionou a ferramenta ao leitor imaginário de seu roteiro. Teve o cuidado especial de usar a ferramenta toda vez que começava a se atacar. A Autoridade Interior estava trazendo uma força superior – a Força da Autoexpressão – para sua escrita. Julie parou de temer o que os outros achariam de seu trabalho; escrever voltou a ser divertido.

RESUMO DA AUTORIDADE INTERIOR

Para que serve a ferramenta
Serve para situações intimidadoras, quando você sente dificuldade de se expressar ou mesmo de se conectar com outras pessoas. São momentos em que você "congela", fica travado, incapaz de agir de maneira natural e espontânea. Por trás disso está uma insegurança irracional. A ferramenta lhe permite superar essa insegurança e ser você mesmo.

Contra o que você está lutando
A insegurança é um traço universal do ser humano, mas é mal compreendida. Achamos que sabemos o que está nos deixando inseguros: nossa aparência, nosso grau de instrução ou nosso status socioeconômico. Na verdade, há algo mais profundo dentro de nós que é a causa de toda a insegurança. Esse algo é a Sombra – a personificação de todos os nossos traços negativos –, e temos pavor de que alguém a veja. Consequentemente, gastamos muita energia escondendo-a, o que nos impossibilita de sermos nós mesmos. A ferramenta oferece uma nova maneira de lidar com o problema da Sombra.

Deixas para usar a ferramenta
1. Use-a sempre que ficar ansioso em relação ao desempenho. Essa sensação pode ser desencadeada por eventos sociais, confrontos ou situações em que você precise falar em público.
2. Use a ferramenta não apenas imediatamente antes das situações problemáticas, mas também no decorrer delas.
3. Uma deixa menos óbvia é quando você está antevendo a situação ou se preocupando com ela.

A ferramenta em poucos passos
1. Quando estiver diante de qualquer tipo de plateia, veja sua Sombra num canto, virada para você. (Isso também funciona com uma plateia imaginária ou com uma plateia composta de apenas uma pessoa.) Desvie toda a sua atenção da plateia e concentre-se na Sombra. Sinta uma ligação indestrutível entre vocês – unidos, vocês são destemidos.
2. Juntos, você e a Sombra se voltam para encarar a plateia e comandam silenciosamente: "ESCUTEM!" Sinta a autoridade que emerge quando você e sua Sombra falam com uma só voz.

A força superior que você está usando
A Força da Autoexpressão permite que nos revelemos de modo verdadeiro, genuíno, sem nos preocuparmos com a aprovação dos outros. Ela fala por meio de nós com uma clareza e uma autoridade raras, mas também se expressa sem palavras, como quando um atleta está "em transe". Em adultos, essa força fica enterrada na Sombra. Ao conectar você à sua Sombra, a ferramenta lhe permite ressuscitar a força e fazer com que ela flua através do seu ser.

CAPÍTULO 5

A ferramenta: Fluxo do Agradecimento

A força superior: Gratidão

Elizabeth, uma nova paciente, tinha passado a noite em claro, preocupada.

– Vou receber toda a família para o jantar de Ação de Graças amanhã e sei que o peru vai ficar uma porcaria – disse ela, contorcendo as mãos com tanta força que achei que a pele fosse rasgar.

– Já começou a preparar o peru? – perguntei.

– Não, mas, da última vez que fiz esse prato, minha prima teve intoxicação alimentar.

Ela me lançou um breve olhar suplicante, mas, antes que eu pudesse dizer qualquer palavra, sua mente passou para questões mais urgentes, revirando-se de ansiedade. Um primo distante avisara de última hora que traria um convidado, e isso supostamente duplicaria a carga de trabalho que ela teria. O sobrinho celíaco não poderia comer a farofa de pão que recheava o peru. E como ela faria para sentar o pai, progressista, longe do irmão conservador e da prima emocionalmente frágil, que ele acabava sempre conseguindo afrontar?

Ela ia despejando suas preocupações como uma rajada de balas, como se estivesse numa corrida contra o apocalipse. Por um segundo, perdi a concentração no que ela estava dizendo e vislumbrei seu mundo interior – um lugar infernal, onde incessantes pensamentos sombrios a prendiam numa teia de maldição. Fiquei triste por ela.

– Vejo quanto você está estressada – arrisquei, em tom tranquilizador –, mas não acredito que seja tão terrível quanto você pensa.

– Você até parece o meu marido – retrucou ela. – Para ele é muito fácil dizer isso, porque tudo o que ele tem que fazer é servir bebidas e ver se a TV está ligada para o início do jogo.

Eu me senti inútil durante a maior parte da sessão, mas, para minha surpresa, Elizabeth me agradeceu no final e prometeu voltar na outra semana. Comecei a sessão seguinte perguntando como tinha sido o jantar de Ação de Graças, mas ela balançou a mão num gesto de desdém, agora preocupada com uma nova crise, uma vermelhidão em sua perna que ela estava certa de que era um sinal de lúpus.

Elizabeth estava sempre preocupada com alguma coisa. O que quer que fosse – o barulho estranho que seu carro fazia quando ela dava a partida, ou as dores de cabeça que eram certamente causadas por um tumor cerebral –, a preocupação era o foco de sua existência.

Houve um tempo de sua vida em que ela era relativamente despreocupada – quando era estudante. Elizabeth sempre fora excelente aluna e tinha concluído um mestrado em psicologia com notas quase perfeitas. Porém, quando se formou, já estava casada e com uma filha, e teve que entrar direto no mercado de trabalho e ajudar a sustentar a família.

Depois de uma longa procura, ela encontrou um emprego como orientadora educacional numa universidade. O salário era baixo, mas ela era perfeita para a função – academicamente apta e muito preocupada com os alunos sob os seus cuidados. Talvez preocupada até demais.

Devido à enorme quantidade de casos, era impossível dar a

cada aluno a atenção que ela sentia que eles mereciam. Mas ela encontrava tempo para se preocupar com eles. Será que fulano estava fazendo as matérias certas? E sicrano, será que estava sofrendo de uma depressão que ela não tinha detectado? Será que ela deveria trabalhar aos sábados para tentar dar conta da carga de trabalho? Mas como ela encontraria tempo para a própria filha? Apesar desse retrato terrível de sua situação, ela era uma orientadora muito querida e vinha conseguindo escapar de outro medo – o de ser demitida – havia mais de quatorze anos.

Perguntei-lhe como era para o marido conviver com os seus medos.

– Às vezes ele ri, mas em geral fica com cara de tédio – admitiu ela.

Havia pouco tempo, contudo, ele não estava lidando tão bem com a situação. Houve uma reunião na escola da filha à qual nenhum dos dois pudera comparecer devido a seus horários de trabalho. Durante o jantar, Elizabeth não conseguia parar de falar disso, quase entrando em estado de pânico. O marido de repente explodiu, zangado:

– Esses problemas são bobos e você está agindo como se nossa vida estivesse desmoronando!

– E o que você acha? – perguntei.

Seus olhos se encheram de lágrimas.

– Eu sei que ele tem razão. Minha preocupação constante deve ser difícil para todos à minha volta. Mas imagine como é difícil *para mim*.

A NUVEM NEGRA

Elizabeth tinha o olhar assombrado de alguém cuja vida estava caindo aos pedaços. Na verdade, sua vida era bastante estável e, nas áreas cruciais, abençoada. Seu marido era um policial condecorado, que já estava no emprego havia tempo suficiente para ter completa estabilidade. Absolutamente dedicado à esposa e à filha, ele vivia para garantir que as duas estivessem sempre seguras e confortáveis. Nem ele nem Elizabeth se preocupavam com luxos – em termos materiais, tinham tudo de que precisavam. Mas não importava quão atencioso ele fosse, para Elizabeth a vida era como uma série de calamidades que ela enfrentava sozinha.

Seus medos (por mais absurdos que fossem) lhe pareciam reais, pois Elizabeth vivia num mundo criado por ela mesma. Em certa medida, todos nós fazemos isso. Gostamos de pensar que reagimos ao mundo como ele é, quando na verdade reagimos a um mundo que existe em nossa própria mente. Esse mundo interior é tão poderoso que sobrepuja nossa capacidade de enxergar a realidade. Nas palavras de John Milton em *Paraíso perdido*: "A mente é seu próprio lugar, e assim sendo pode fazer do Céu um Inferno e do Inferno um Céu."

Eu queria demonstrar a Elizabeth como isso funcionava. Pedi a ela que fechasse os olhos e relembrasse sua mais recente preocupação.

– Ouvi comentarem no rádio a respeito do derretimento das calotas polares... Estou pensando que deveríamos nos mudar para o interior do país, para um lugar mais alto.

Pedi que pusesse de lado essa preocupação específica e visse se sentia algo *por trás* das preocupações. Alarmada, ela abriu os olhos.

– Eu senti uma enorme escuridão à minha volta, como uma nuvem de catástrofe.

Eu disse a ela para tentar a mesma coisa com outra preocupação: se sua filha ingressaria em alguma universidade. Ela tentou e, para sua surpresa, sentiu exatamente a mesma escuridão à sua volta.

Chamamos essa presença de Nuvem Negra. Quando você se preocupa o tempo todo, independentemente do assunto, está criando uma energia negativa que paira sobre você como uma nuvem. A Nuvem Negra expulsa tudo o que é positivo e cria uma sensação de ruína iminente, seja causada por desastre natural, doença ou erro humano.

Elizabeth era um exemplo extremo de quão dominadora a Nuvem Negra pode se tornar. Seu poder não se deve ao fato de suas previsões se tornarem realidade – elas são quase sempre falsas. Ela nos domina de um modo muito mais primitivo, por meio da força da repetição. Se você repetir algo o suficiente, aquilo acaba se tornando um hábito com vida própria; é mais fácil fazê-lo do que ignorá-lo.

Você pode ter sua própria experiência de Nuvem Negra. Comece escolhendo algo com que normalmente se preocupe. Pode ser seu emprego, um filho problemático ou um parente que não está bem.

> Feche os olhos e recrie os pensamentos de preocupação, repetindo-os intensamente como faz na vida real. A princípio isso pode parecer forçado, mas, se você insistir, os pensamentos vão tomar impulso e adquirir vida própria. Agora se concentre no estado interior criado por esses pensamentos. Como você se sente?

Você acaba de experimentar uma versão moderada da Nuvem Negra. Quando ocorre na vida real, ela é mais sombria e opressora. Obscurecendo tudo o que é positivo, ela convence você de que somente o negativo existe de fato. A figura a seguir ilustra a Nuvem Negra em funcionamento:

Acima da nuvem está o sol, o símbolo universal da positividade. Aqui ele representaria tudo o que está certo no mundo. Desenhamos a Nuvem Negra como um obstáculo impenetrável que impede a entrada do que é positivo. O sol ainda brilha, mas para a pessoa embaixo da nuvem ele não existe. Não há alegria, apenas negatividade. A pessoa se curva sob o peso do mundo sombrio criado por seus pensamentos. Há um preço enorme a se pagar por viver dessa maneira.

Para quem é esmagado pela Nuvem Negra, não existe paz de espírito.

O PREÇO DA NEGATIVIDADE

Para a maioria de nós, paz de espírito é um sentimento precioso. É a sensação de que tudo está em seu devido lugar, de que "está tudo bem". Você já sentiu isso em alguns momentos – todo mundo já sentiu –, uma serenidade interior, a sensação de estar em harmonia com toda a existência.

A Nuvem Negra aniquila essa sensação de paz. Sob seu feitiço, tudo o que você consegue ver é o que há de errado com o mundo. Qualquer tipo de pensamento negativo pode ter esse efeito – desesperança, autodepreciação, julgamento –, mas a preocupação é a mais eficaz.

Sem uma sensação de serenidade, tudo se torna uma crise. Com toda a sua energia focada na sobrevivência, aproveitar a vida passa a ser um luxo que você não pode se permitir. Elizabeth não conseguia mergulhar num bom livro, curtir um filme ou encontrar uma amiga para almoçar; havia sempre um problema terrível exigindo sua atenção. Certo dia ela olhou para mim, esgotada, e admitiu a verdade:

– Não consigo me lembrar da última vez que algo me trouxe alegria.

Esse padrão de crise perpétua tem um aspecto extremamente cruel. Na Nuvem Negra, todos os problemas são questões de vida ou morte, mas ninguém consegue enxergar isso a não ser você. Isso faz com que seja impossível confiar o suficiente nos outros para dividir as responsabilidades. Você se sente sobrecarregado e sozinho.

Elizabeth chegou ao ponto de não conseguir confiar no próprio marido. Ela chegou exausta a uma de nossas sessões.

– Estou morta – reclamou. – Não sei como vou botar as roupas para lavar hoje.

– Achei que seu marido fizesse esse tipo de coisa quando você precisasse de ajuda – comentei confuso.

– Eu parei de pedir ajuda a ele. Ele não sabe dobrar as roupas direito. É mais fácil eu mesma fazer.

Essa atitude só fazia com que o marido, já frustrado com seus medos exagerados, se afastasse ainda mais. Ninguém gosta de se sentir inútil. Os amigos também estavam desaparecendo; ela não tinha tempo para eles.

Felizmente, logo depois de Elizabeth ter começado sua terapia, aconteceu algo que lhe deu o choque de que ela precisava, e tinha a ver com sua filha. Elizabeth a tinha avisado dos prazos de inscrição, corrigido suas redações e até ajudado a filha a colocar os selos e os endereços nos envelopes a serem enviados às universidades. Então Elizabeth ficou chocada quando a filha a acusou de ser uma "chata egoísta". Quando ambas se acalmaram, a filha explicou:

– Desculpe ter chamado você daquilo. Mas tente me entender. Na maior parte do tempo parece que você não está fazendo tudo isso por mim, mas para lidar com a *sua própria ansiedade* de querer que eu entre em uma universidade.

Esse foi um momento decisivo. Elizabeth não podia mais negar que a Nuvem Negra havia distorcido seu impulso mais forte como mãe, transformando-o em algo opressivo para a filha. Se tinha capacidade de estragar aquilo, podia estragar qualquer coisa. Ela estava determinada a se livrar da Nuvem Negra.

Isso, no entanto, seria mais difícil do que ela havia imaginado.

POR QUE O PENSAMENTO NEGATIVO É TÃO PODEROSO?

É tentador pensar que podemos mudar nossos padrões de pensamento com facilidade. Afinal de contas, por que não poderíamos simplesmente substituir cada pensamento negativo por um positivo? Essa ideia sempre foi parte da cultura norte-americana. Infelizmente, é uma daquelas ideias que parecem funcionar, mas não funcionam. Isso porque, *na vida real, pensamentos positivos não chegam nem perto de ter o mesmo poder que os negativos.*

Elizabeth descobriu isso sozinha quando uma amiga lhe deu um livro sobre o assunto.

– Durante três dias tentei ter pensamentos positivos – ela me contou, fechando a cara. – Mas, toda vez que tentava, me sentia idiota por fingir que estava tudo bem quando havia perigo por todos os lados. Não sei por que chamam de poder do pensamento positivo; os negativos detêm todo o poder.

Que poder é esse? Para descobrir, pedi a ela que fechasse os olhos e mentalizasse uma sequência de preocupações. Ela meneou a cabeça, concordando.

– Agora deixe sua mente relaxar – falei –, como se você tivesse perdido a capacidade de se preocupar. Como você se sente?

Elizabeth estremeceu.

– Eu me senti relaxando por um segundo, mas então... parecia que eu tinha perdido o controle de tudo.

– Está bem. Agora, bem no meio desse sentimento de falta de controle, reintroduza a preocupação. Como você se sente?

– Na verdade... um pouco melhor. – Ela abriu os olhos. – Quando estou me preocupando, de alguma forma sinto como se pudesse afastar as coisas ruins. Isso me lembra de quando eu era pequena e ficava acordada a noite toda, imaginando como seria terrível se meus pais se separassem. Virou um ritual. Eu realmente acreditava que, enquanto eu me preocupasse com aquilo, não aconteceria de verdade.

– Mas os seus pais se separaram. Sua preocupação não deu em nada e mesmo assim você continuou se preocupando.

– Acho que fiquei com medo de parar, porque aí sim as coisas ruins aconteceriam *com certeza*.

Basicamente, a preocupação havia se tornado uma poderosa superstição, com o mesmo benefício de um pé de coelho. As superstições têm um apelo poderoso, pois nos dão a sensação mágica de que podemos afetar o futuro. Claro que isso é uma ilusão. Não podemos prever a maior parte da nossa vida, quanto mais controlá-la. Desde uma chuva durante um piquenique até um infarto fulminante, qualquer coisa pode acontecer a qualquer momento. Ainda assim, insistimos que somos capazes de controlar o incontrolável.

Por quê?

Por causa de uma suposição básica sobre o universo que nunca questionamos. Partimos do princípio (ensinado pela ciência) de que o universo é indiferente a nós. Com base apenas no que vemos à nossa volta, essa é uma conclusão razoável. No entanto, ela faz com que nos sintamos sozinhos num universo que não se importa conosco. Sentindo que ninguém vai tomar conta de nós, nos tornamos obcecados por controlar nosso futuro. Nesse contexto, a preocupação parece fazer sentido.

Mas e se, num nível que não conseguimos enxergar, o universo estiver, sim, interessado em nosso bem-estar, nos sustentando em diversos aspectos, dos mais corriqueiros aos mais importantes? Não é preciso se esforçar muito para conseguir perceber isso. Comece com seu corpo. Ele extrai oxigênio do ar, digere alimentos complexos, concede a você o milagre da visão e da audição. Todas essas coisas funcionam de maneira incrível sem que você sequer as compreenda. Tem mais: a terra nos fornece comida, a temperatura permanece dentro de uma faixa habitável e o planeta nos dá a matéria-prima para que possamos construir coisas. Esses são apenas alguns exemplos do número infinito de maneiras pelas quais nossa existência é sustentada pelo universo.

Quando eu disse isso a Elizabeth, ela respondeu:

– Outras pessoas já me falaram a mesma coisa, mas simplesmente não consigo sentir isso.

Elizabeth não é a única. Uma crença real na bondade do universo não é algo que venha com naturalidade para a maioria das pessoas. Felizmente, há um jeito de fazer qualquer um sentir a generosidade ilimitada do universo.

A FORÇA SUPERIOR: GRATIDÃO

Muito cedo em sua vida, Phil passou por algo que o levou a vivenciar o universo de uma nova maneira. Mais tarde ele acabou se tornando capaz de guiar outras pessoas à mesma experiência, conforme ele descreve em suas próprias palavras:

Como expliquei no Capítulo 1, quando eu tinha 9 anos meu irmão morreu de um tipo raro de câncer. Depois disso minha família ficou esperando, impotente, outra tragédia se abater sobre nós. Quem seria o próximo? Então, quando eu tinha 14 anos, comecei a ser acometido por dores de cabeça inexplicáveis bem quando eu pegava no sono toda noite. Era como se uma faca estivesse atravessada no meu crânio. Meu primeiro pensamento foi que eu tinha um tumor cerebral. Conforme as semanas se passavam, meu terror ia aumentando, mas para proteger meus pais eu não disse nada a ninguém. Finalmente, quando não podia mais aguentar, contei a eles. Apavorados, eles me submeteram a uma bateria completa de exames.

Quando todos os exames deram negativo, eu soube que estava bem. O que eu não sabia era que minha experiência de vida estava prestes a mudar para sempre.

Até ter passado por essa provação, a coisa mais importante na minha vida era o basquete. Os melhores jogos eram na Associação Cristã de Moços, mas chegar lá não era fácil. Todas as esquinas eram ocupadas por prostitutas e traficantes. Como todo nova-iorquino, eu lidava com o perigo mantendo o olhar fixo à minha frente e ignorando tudo o que estava acontecendo ao redor. Algumas quadras antes do meu destino, cheguei a uma área onde todos os prédios haviam sido reduzidos a entulho – era o início de uma grande obra de construção. Na verdade, era um alívio.

Lembro-me de entrar no ônibus na primeira noite após descobrir que minha vida seria poupada. Ele avançava em seu trajeto normal pelo inferno, os mesmos gritos e sirenes ecoando nas ruas do lado de fora, o ar ainda fedendo a lixo. Porém, como eu tinha pensado que nunca mais pegaria aquele ônibus novamente, encarei a experiência sob uma perspectiva completamente nova. Cada sensação parecia um milagre. Algo havia me devolvido essa viagem de ônibus – e com ela o resto da minha vida. Meu coração estava tomado de gratidão.

A experiência de Phil foi tão intensa que o forçou a encarar as coisas de um jeito diferente. Num momento, ele estava entrando num ônibus sujo. No momento seguinte, tudo lhe havia sido devolvido. Ele estava na presença de um poder de pura generosidade.

Nós nos referimos a esse poder como a Fonte. A experiência de Phil durou apenas um instante, mas ela está sempre presente. Tudo o que você pode ver foi criado pela Fonte. Seu maior milagre foi ter criado a vida, e ela permanece intimamente envolvida com todos os seres vivos que criou. Isso inclui você. No passado, ela lhe deu a vida; no presente, ela sustenta você, e o poder criativo que ela tem enche seu futuro de infinitas possibilidades.

Quando você consegue reconhecer tudo o que lhe foi dado, passa a se sentir conectado à Fonte. Então já não se sente tão só, e sua necessidade de se preocupar diminui.

Quando expliquei tudo isso a Elizabeth, ela pareceu desconfiada.

– Sempre tive inveja de pessoas que conseguem acreditar nisso que você está descrevendo; parece realmente reconfortante. Mas eu sou cética demais. Afinal, como é que você pode ter certeza de que essa Fonte existe?

Era uma boa pergunta. Normalmente, para que acreditemos na existência de algo, precisamos vê-lo com nossos próprios olhos (ou percebê-lo com um de nossos outros sentidos físicos).

O problema é que a Fonte não está no mundo físico. Ela existe num mundo espiritual, que nossos cinco sentidos não conseguem perceber. Para sentir a Fonte, precisamos de um novo tipo de percepção, e a história de Phil revela sua natureza. Ao perceber subitamente que sua vida lhe tinha sido devolvida, seu coração foi tomado de gratidão. Foi esse sentimento de gratidão – não algo que ele viu ou ouviu – que lhe deu uma conexão pessoal com a Fonte de pura generosidade.

Num certo nível, a gratidão foi sua *reação* à generosidade da Fonte. Porém, num nível mais profundo, a gratidão foi o meio pelo qual ele *percebeu* a Fonte. A princípio, pode parecer estranho pensar na gratidão como um meio de percepção, em vez de apenas uma reação emocional. Mas com a prática você descobrirá que a gratidão percebe o mundo espiritual tão claramente quanto seus olhos e ouvidos percebem o mundo físico.

Isso faz com que a gratidão seja muito mais importante que uma mera emoção; isso faz da gratidão uma força superior. Em geral, forças superiores lhe permitem *fazer* coisas que você nunca pensou que poderia realizar. Nesse caso, a gratidão lhe permite *perceber* coisas que você achava que nunca poderiam ser percebidas. Em suma, a gratidão é um órgão superior de percepção, por meio do qual você pode reconhecer precisamente uma verdade fundamental: *o universo trabalha de maneiras misteriosas, e você é o beneficiário constante de sua generosidade.* A Fonte está apoiando você em todos os momentos, desde o dia em que você nasceu até o dia de sua morte. Sentir gratidão por esse relacionamento não é uma questão de bons modos, é um jeito completamente novo de perceber a realidade.

A FERRAMENTA: FLUXO DO AGRADECIMENTO

Há momentos na vida de todos nós em que a Fonte revela sua presença de maneira tão poderosa que sentimos gratidão sem qualquer esforço de nossa parte. Para você, isso pode ter acontecido enquanto acampava sob um céu estrelado ou talvez quando seu filho nasceu. O que torna esses momentos realmente especiais é o sentimento profundo de que algo lhe estava sendo dado; algo que você não poderia ter criado sozinho. Pense em algum momento em que isso aconteceu em sua vida e recrie a experiência agora, de olhos fechados.

> Visualize tudo o que estava acontecendo à sua volta. Concentre-se na gratidão que estava sentindo na época. Agora conecte essa gratidão à presença de uma força incrivelmente generosa.

Muitos de nós já sentimos a Fonte dessa maneira. Porém, não importa quão poderosa tenha sido, a experiência aconteceu sob circunstâncias especiais que quase nunca podem ser recriadas. Se você quiser seriamente derrotar sua negatividade, precisa acessar a Fonte a qualquer momento, quaisquer que sejam as circunstâncias. O único jeito de obter esse acesso é aprendendo a ativar seu senso de gratidão sempre que desejar.

Aqui está a ferramenta para despertar o órgão da gratidão.

FLUXO DO AGRADECIMENTO

Pense em elementos da sua vida pelos quais você possa ser grato – em especial coisas que você quase nem lembra que existem. Liste-as mentalmente para si mesmo, devagar o suficiente para sentir o valor de cada uma delas. "Sou grato por poder enxergar, sou grato por ter água quente", etc. Faça isso até chegar a pelo menos cinco itens – leva menos de trinta segundos. Sinta o leve esforço que você faz para encontrar esses itens.

Você deve sentir sua própria gratidão fluindo para cima, diretamente de seu coração. Então, quando tiver terminado a lista, seu coração continuará gerando gratidão, dessa vez sem palavras. A energia que você está emitindo agora é o Fluxo do Agradecimento.

Conforme essa energia emana de seu coração, seu peito se abranda e se abre. Nesse estado, você sentirá que está se aproximando de uma presença arrebatadora, cheia do poder da infinita generosidade. Você acaba de fazer uma conexão com a Fonte.

A figura a seguir mostra como a ferramenta funciona. Ela cria um sentimento de gratidão tão poderoso que penetra a Nuvem Negra. Isso é ilustrado pelo canal que sobe da pessoa, dividindo a Nuvem. As pequenas linhas dentro do canal representam a força da gratidão fluindo para cima. No desenho anterior, o sol brilhando acima da Nuvem representava tudo o que estava certo no mundo. Agora podemos dar ao sol seu verdadeiro nome: a Fonte, a criadora de tudo o que existe, a suprema força positiva no universo. A figura mostra como a gratidão se torna um órgão que nos conecta à Fonte.

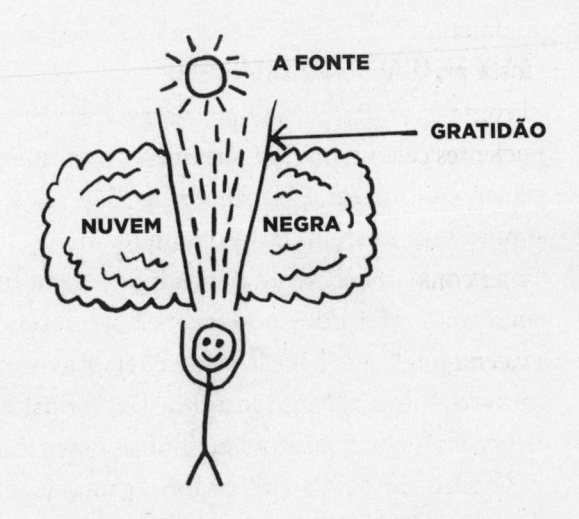

Chamamos a ferramenta de Fluxo do Agradecimento. "Fluxo" refere-se a qualquer processo que seja infinitamente criativo. Na ferramenta, você cria um fluxo infinito de pensamentos para estimular um fluxo infinito de gratidão, que reafirma a generosidade incessante da Fonte. Como está sempre criando, o fluxo possui uma qualidade de constante renovação. É por isso que é importante não usar exatamente os mesmos itens toda vez que você aplicar a ferramenta. Pensar sempre em novos itens requer esforço, mas é um esforço sagrado que faz com que você se mantenha profundamente conectado à Fonte.

A princípio pode parecer difícil pensar em coisas pelas quais ser grato, mas é mais fácil do que você imagina. Você pode pensar em algo que não está acontecendo, como "Sou grato por não estar numa zona de guerra" ou "Sou grato por não viver numa área com terremotos constantes". Você também pode buscar inspiração em seu passado, como "Sou grato por ter estudado em uma boa escola" ou "Sou grato por ter recebido o amor da minha mãe". Limite-se a coisas pelas quais você se sente realmente grato, e não pelas quais você acha que *deveria* se sentir. As primeiras são normalmente dádivas menores que você não perceberia a não ser que fosse privado delas, como o fato de ter tido um almoço agradável com um amigo ou de a eletricidade em sua casa funcionar. Os pacientes costumam nos perguntar por que enfatizamos esses itens menores. A resposta é simples: embora tendamos a não lhes dar importância, *eles estão sempre presentes*. Quando nos forçamos a ter consciência deles e a reconhecer sua importância, a ferramenta nos lembra de que *a Fonte também está sempre presente, nos sustentando de inúmeras maneiras inimagináveis.*

Quando estiver aprendendo a usar a ferramenta, comece listando mecanicamente as coisas pelas quais você é grato. Depois que se habituar a isso, tente ao mesmo tempo sentir a gratidão emanando do peito. Quando conseguir senti-la, interrompa as palavras por um momento e treine seu coração para gerar pura gratidão sem palavras. É esse estado final que fará com que você se abra para a presença da Fonte. Com um pouco de prática, você passará a utilizar a ferramenta sem dificuldade e então poderá usá-la a qualquer hora.

No decorrer do dia, preste atenção aos seus pensamentos. Ao primeiro sinal de negatividade, use o Fluxo do Agradecimento; essa é sua "deixa". Lembre-se: a finalidade de uma deixa é fazer com que você utilize a ferramenta na mesma hora, ainda que não pareça urgente. Isso é especialmente importante com o Fluxo do Agradecimento, pois pensamentos negativos tendem a nos colocar sob a Nuvem Negra sem que sequer percebamos. As preocupações de Elizabeth, por exemplo, muitas vezes começavam com uma observação que parecia inocente: "Tem uma pinta no meu braço." Então se agravava: "Tenho quase certeza de que é nova, e parece escura e irregular." Logo sua mente estava fora de controle: "É um melanoma, está se espalhando... Meu Deus, eu vou morrer!" Depois que se treinou a usar o Fluxo do Agradecimento imediatamente após o primeiro ou segundo pensamento, Elizabeth obteve muito mais controle sobre sua mente. Para a maioria das pessoas, essa é a primeira vez que conseguem vencer os pensamentos negativos.

A negatividade de Elizabeth consistia principalmente em preocupações, mas é bom adquirir o hábito de interromper *todos* os pensamentos negativos. Isso inclui autodepreciação ("Eu sou tão idiota"), críticas em relação aos outros ("Aquela garota é tão feia") ou queixas ("Estou tão cansado do meu trabalho"). A obsessão, não importa com o quê, é outro tipo de pensamento negativo que pode ser interrompido com o Fluxo do Agradecimento.

Essa ferramenta é tão importante que você também deve transformá-la em uma prática diária. Um jeito de fazer isso é usando a ferramenta em momentos específicos do dia. Muitos pacientes a utilizam assim que acordam, durante cada refeição e logo antes de dormir.

Você também pode usá-la sempre que sua mente estiver sem direção. Isso acontece várias vezes ao longo do dia – andando de ônibus, no intervalo do cafezinho, na fila do caixa. Quando o fizer, vai perceber como a mente é indisciplinada. Se deixá-la agir por conta própria, ela se degenera, enchendo-se de superficialidades, insegurança e negatividade.

O objetivo de usar muitas vezes o Fluxo do Agradecimento é fazer com que você se torne o mestre da própria mente, a única coisa que um ser humano é capaz de controlar de verdade. *Até que você consiga controlar sua mente, você será espiritualmente imaturo.* Quando crianças, precisamos de pais que nos mandem escovar os dentes e tomar banho todos os dias. Quando adultos, aceitamos nossa responsabilidade por essas tarefas sem questioná-la. Com a prática, você terá o mesmo zelo com sua higiene espiritual que tem com sua higiene física. Então você se tornará espiritualmente adulto.

Quando o agradecimento se torna um estilo de vida, a Fonte

passa a ser uma companhia constante. Os antigos, como o rei Davi, expressavam esse companheirismo em termos muito pessoais, como no Salmo 23: "Ainda que eu ande pelo vale da sombra da morte, não temerei mal algum, porque tu estás comigo; a tua vara e o teu cajado me consolam." Vivendo nos tempos modernos, você pode não sentir a Fonte de um jeito assim tão íntimo, pessoal, mas ainda sentirá o tipo de consolo, amparo e proteção que o rei Davi expressou de maneira tão eloquente.

Conectar-se à Fonte é um pouco diferente de se conectar às forças superiores que discutimos nos Capítulos 2, 3 e 4. A razão é que a Fonte é o que há de mais supremo no universo e é, na verdade, a criadora das outras três forças. Não podemos imitar a Fonte como fazemos com as outras forças porque, no fim das contas, ela é incognoscível. O melhor que podemos fazer é nos colocar num estado de gratidão, reconhecendo as dádivas que ela nos deu; *dádivas que não poderíamos de maneira alguma ter criado sozinhos*. Então, para esta ferramenta especificamente, o próprio sentimento de gratidão é a peça de ligação que lhe permite sentir a presença da Fonte.

OS BENEFÍCIOS SECRETOS DE SE CONECTAR À FONTE

Elizabeth praticava o Fluxo do Agradecimento de maneira assídua. Estava fazendo progresso, mas ainda passava tempo demais sob a Nuvem Negra. Então um dia ela chegou para uma sessão quinze minutos atrasada. Normalmente ela estaria se repreendendo e falando mais rápido que o normal para conseguir dizer tudo o que queria. No entanto, ela parecia relaxada, até satisfeita.

– Acabei de almoçar com uma velha amiga, alguém que eu não via há anos. Começamos a conversar e, de repente, olhei para o relógio e não pude acreditar: tinham se passado duas horas... duas horas sem preocupação nem estresse. Percebi que não conseguia nem lembrar a última vez que estive feliz assim. – Ela estava radiante. – Então comecei a me preocupar por estar atrasada para a terapia e usei o Fluxo do Agradecimento de novo. Fui tomada por uma calma poderosa. Minha mente estava perfeitamente limpa.

Depois que aprendeu a criar aquela sensação de calma, Elizabeth tornou-se capaz de reproduzi-la sempre que precisava. Daquele ponto em diante, Elizabeth parecia menos tensa e sobrecarregada. Quando as preocupações vinham, ela conseguia colocá-las de lado com mais facilidade. Pela primeira vez na vida, estava experimentando aquele estado raro e precioso que todos desejamos: paz de espírito.

Quase todas as pessoas no mundo moderno têm dificuldade de encontrar a paz de espírito porque a procuram no lugar errado. Achamos que ela virá de alguma realização externa – dinheiro suficiente para nos aposentarmos, uma casa de veraneio, uma esposa ou um marido leal. Porém, mesmo que alcancemos essas metas, a paz de espírito que elas nos trazem tem prazo de validade.

A razão é simples. No mundo material, você está sempre vulnerável; o que quer que ganhe, também pode perder. A bolsa de valores pode sofrer um colapso, uma inundação pode levar a sua casa, e seu cônjuge pode deixar você. Para que seja duradoura, portanto, a paz de espírito precisa vir de algum lugar onde você sempre sinta apoio e acolhimento.

A paz de espírito duradoura só pode vir de uma conexão com a Fonte.

No entanto, para que seja realmente duradoura, a conexão precisa ser *contínua* – o que significa que você tem que trabalhar nela sempre. Isso parece um contrassenso. Costumamos imaginar a paz de espírito como um estado de repouso, mas isso não é paz, é passividade. Por ser necessário trabalho constante para permanecer conectado à Fonte, *a paz de espírito é um estado ativo.*

O trabalho é árduo, mas vale a pena. Um dos benefícios é um aumento considerável na energia e na motivação. A maioria das pessoas não sabe se motivar direito. Elas se sentem motivadas a conseguir o que querem – dinheiro, relacionamentos, status – porque acreditam que ainda não têm o suficiente. Esse sentimento de falta é uma motivação poderosa, mas você paga um alto preço por ela. E esse preço é a constante sensação de que *há sempre algo faltando*. Mesmo quando consegue algo que queria, você rapidamente fica insatisfeito, e isso o motiva então a correr atrás de outra coisa. Você nunca será feliz nessa corrida incessante. Mais cedo ou mais tarde, ela sugará todo o significado e a energia de sua vida.

Essa maneira de se motivar não funciona porque você precisa gerar toda a energia sozinho. A alternativa é conectar-se a uma fonte de energia muito maior que você, a verdadeira nascente de toda energia, a Fonte. Mas você não pode usar a sensação de falta para conectar-se a ela. Na verdade, quanto mais gratidão você sentir pelo que já tem, mais energia obterá da Fonte. Isso abre uma porta para um jeito completamente novo de viver, no qual a energia avança com base na felicidade, e não no sofrimento.

A conexão de Elizabeth com a Fonte lhe conferiu outro benefício. Ela o descobriu quando a filha não foi aceita para a universidade que queria.

– Comecei a ter um treco – contou ela –, mas o Fluxo do Agradecimento se tornou um hábito tão forte que, quando dei por mim, estava usando a ferramenta quase sem pensar. No meio dessa tempestade, consegui encontrar aquele lugar de calma e clareza. Foi de lá que tranquilizei minha filha: o que importava não era a universidade para a qual ela fosse, mas quão bem ela soubesse aproveitar os recursos disponíveis. Eu me senti confiante de que ela teria sucesso na vida independentemente da universidade em que estudasse, e disse isso a ela. Pude ver como ela ficou surpresa com o fato de não ser eu quem precisava ser tranquilizada. Foi uma sensação incrível para nós duas.

O que Elizabeth ganhou foi a habilidade inestimável de saber *pôr as coisas em perspectiva*. Sem essa habilidade, qualquer decepção pode tomar controle de toda a sua vida; como uma gota de tinta num copo d'água, *tudo* parecerá escuro. Até mesmo os menores contratempos tenderão a assoberbar você. Pôr as coisas em perspectiva significa enxergar o que está acontecendo naquele momento sem perder de vista a natureza duradoura e positiva da vida. Somente sua conexão com a Fonte pode dar a você essa consciência. Ao colocar as coisas em perspectiva, você consegue se recuperar rapidamente de uma decepção porque enxerga que sua vida é abençoada pela Fonte.

Por fim, uma conexão contínua com a Fonte lhe permite aceitar o sucesso. Por mais surpreendente que possa parecer, o sucesso às vezes nos paralisa: um roteirista ganha um Oscar e depois passa anos sem conseguir escrever. Um conhecido nosso acompanhou a carreira de cientistas que ganharam o prêmio Nobel e constatou que pouquíssimos conseguiram alcançar grandes avanços científicos após terem recebido o prêmio.

O sucesso é paralisante por uma razão simples: faz com que você sinta que fez tudo sozinho. Ironicamente, assim que você reivindica todo o crédito por seu sucesso, leva também toda a culpa por qualquer fracasso posterior – e isso é aterrorizante. Isso o torna avesso a riscos; você fica menos criativo com medo de seguir em frente com novas ideias e novos projetos. Você confia em suas realizações passadas, vivendo uma vida "segura", sem criatividade.

A verdade é que não realizamos nada sem a ajuda da Fonte.

Ao reconhecermos isso, o Fluxo do Agradecimento nos alivia da responsabilidade total pelo que acontecer. Ficamos livres para assumir riscos e ser tão criativos quanto quisermos.

O Fluxo do Agradecimento é um reconhecimento direto da Fonte como cocriadora de tudo o que você realiza. Esse reconhecimento é a única coisa que lhe permite continuar humilde diante do sucesso, o que por sua vez lhe possibilita permanecer criativo pelo resto da vida.

PERGUNTAS FREQUENTES

1. Quando tentei usar o Fluxo do Agradecimento, não consegui sentir a Fonte; na verdade, não senti nada. O que estou fazendo errado?

É bastante comum as pessoas usarem o Fluxo do Agradecimento e não sentirem nada de imediato. Para a maioria de nós, o órgão da gratidão é tão inútil quanto um pé dormente. É preciso exercitá-lo para que volte a funcionar. Da mesma forma, talvez você precise usar o Fluxo do Agradecimento muitas vezes até conseguir despertar seu sentido de gratidão. Só então você conseguirá realmente sentir a Fonte.

Seja paciente consigo mesmo. Se seu pé fica dormente, pelo menos você se *lembra* de como é não sentir dormência. Por outro lado, você nunca usou a gratidão como um órgão que sente a Fonte, então terá não somente que despertá-la, como também se acostumar com ela. Pode ter certeza de que a gratidão é um órgão real, que existe dentro de todos nós. Nunca conheci ninguém que, com esforço suficiente, não pudesse ativá-la.

Se tudo isso lhe parecer além de sua capacidade, comece escolhendo cinco itens pelos quais você se sente grato. Vá devagar de modo a sentir plenamente sua gratidão por cada item. Essa etapa da ferramenta por si só já vai lhe servir como uma arma potente contra os pensamentos negativos.

2. Se eu simplesmente me concentrar em sentir gratidão o tempo todo, temo que possa ignorar meus problemas até que seja tarde demais para lidar com eles.

É verdade que existem pessoas que passam a vida toda com uma atitude Poliana, ignorando os perigos até ser tarde demais. Só que essas pessoas sempre tiveram essa atitude. Ao longo de décadas ensinando o Fluxo do Agradecimento, nunca vi ninguém passando a agir assim por causa da ferramenta.

Mesmo que você *fosse* uma dessas pessoas, não recomendaríamos a preocupação como uma estratégia para enfrentar seus problemas. A maioria de nós não percebe a diferença entre preocupação e solução construtiva de problemas. O planejamento construtivo exige um estado calmo e objetivo, não uma preocupação descontrolada. Você só consegue isso permanecendo conectado à Fonte. Além do mais, o Fluxo do Agradecimento não ignora a escuridão, apenas ensina você a enxergá-la como uma mancha num campo de luz. Se você nega a escuridão, é ignorante; mas, se não consegue enxergar a luz que a rodeia, está com um sério problema.

Se você ainda estiver convencido de que precisa de suas preocupações para se manter fora de perigo, aqui está um exercício infalível. Todo dia de manhã escreva por alguns minutos todos os seus medos, cada medo para o qual você precisa estar alerta; tudo que for um problema em sua vida e que você tiver receio de que possa esquecer. Agora que está tudo anotado num papel, você não tem desculpa – ao longo do dia, use o Fluxo do Agradecimento. Você ficará impressionado com quão bem pode cuidar de si mesmo sem a costumeira inundação de preocupações sombrias.

3. Se eu me tornar grato por tudo que já tenho, vou acabar ficando preguiçoso; não terei nenhuma motivação para melhorar minha vida.

Essa é outra objeção comum à gratidão. As pessoas têm medo de parar de tentar melhorar a vida se estiverem contentes. *O fato é que elas têm medo de ser felizes.* Por trás dessa objeção encontra-se uma visão sombria e pessimista dos seres humanos: de que somos preguiçosos e só podemos ser motivados a avançar por ameaças à nossa sobrevivência. Basicamente, seríamos motivados pela adrenalina liberada quando sentimos medo.

Não negamos que a adrenalina seja uma poderosa fonte de energia, mas o problema é que ela é fonte apenas de energia física. Por natureza, a energia *física* é finita. Quando ela se esgota, você se sente exausto, exaurido. Esse era o problema de Elizabeth quando a conheci – até o mais comum dos dias havia se tornado uma provação.

Há um outro problema quando você confia na adrenalina para se energizar: ela distorce sua perspectiva. Você enxerga todas as situações em termos de vida ou morte. A fim de continuar estimulando suas glândulas adrenais, você é forçado a buscar situações cada vez mais arriscadas. Isso leva a todo tipo de má decisão.

Não seria melhor se houvesse um sistema de energia que o mantivesse motivado sem tanto drama, com o qual você não precisasse enxergar cada situação como uma questão extrema? Então você poderia se sentir feliz e motivado ao mesmo tempo. Para a maioria de nós, isso parece impossível. Mas não é. Um suprimento infinito de energia está disponível para você o tempo todo. Ele não vem do seu corpo, vem diretamente da Fonte, e a chave para se conectar a ela é o Fluxo do Agradecimento.

4. Quando vocês dizem que a Fonte se preocupa conosco e está sempre trabalhando por nós, passam a impressão de que a Fonte possui qualidades humanas. Esse é um modo realista de pensar a respeito dela?

Já dissemos, mas vale a pena repetir, que a natureza da Fonte está muito além da compreensão humana. Só que não precisamos compreendê-la plenamente para nos relacionar com ela. Atribuir qualidades humanas à Fonte desperta emoções que fazem com que o relacionamento pareça mais real. Todas as religiões, cada uma à sua maneira, personificam o divino para alcançar a mesma finalidade.

Tentamos preservar o poder desse relacionamento sem fazer com que seja necessário acreditar em uma filosofia ou teologia específica. No fim das contas, não importa para nós como você caracteriza a Fonte – o crucial é que você sinta a conexão com ela. Quando isso ocorrer, você se sentirá apoiado e incentivado por algo infinitamente maior que você; algo que lhe dará nova força quando parecer que nada mais lhe resta.

5. E as situações dolorosas por que passamos? Elas também são causadas pela Fonte? Se sim, isso não significa que ela *nem sempre* está trabalhando para o nosso bem?

A Fonte está, sim, sempre trabalhando para nos ajudar, embora nem sempre pareça. Ela enxerga em nós o potencial ilimitado para criar coisas novas. Com esse poder criativo, podemos remodelar o mundo. Porém, o ego humano interpreta esse poder de maneira equivocada. Ele enxerga a criação apenas em termos da comprovação de sua própria importância. Para manter essa ilusão, o ego alega criar tudo por si próprio, sem ajuda; ele nega até mesmo a existência da Fonte.

Isso não apenas é errado, como também nos impede de realizar nosso potencial. Temos a capacidade ilimitada de criar, mas *não criamos nada sozinhos*. Cada novidade que os seres humanos trazem ao mundo – tudo, desde um bebê até uma nova tecnologia – é feita usando a energia infinita da Fonte. Nosso potencial futuro não está em fazermos tudo por conta própria, mas na nossa capacidade de cocriar com a Fonte.

A Fonte é implacável em se tratando de nos forçar a realizar esse potencial. A única maneira que tem de fazê-lo é destruindo nossa ilusão de que somos os mestres do universo e a atitude individualista que a acompanha. Ela não o faz por meio da lógica, *mas por meio de eventos*, trazendo para nossa vida acontecimentos que não desejamos e que não podemos controlar: doença, fracasso, rejeição. A dor desses acontecimentos nos subjuga, forçando-nos a admitir que não somos a força mais poderosa no universo. Isso é uma bênção, pois nos abre para nosso verdadeiro potencial superior: nossa parceria com a Fonte.

Isso revela o sentido oculto e mais elevado da adversidade. Mesmo por meio dos piores acontecimentos, a Fonte está trabalhando pelo nosso bem-estar. Quando explico isso aos meus pacientes, eles querem acreditar que é verdade. Mas, assim que as coisas começam a ficar realmente difíceis, eles perdem completamente a percepção de que há um significado para sua dor. Tudo o que sentem é que estão sendo punidos injustamente. A essa altura, eu os incentivo a olhar para fora de si mesmos. Se o fizerem, verão um número infinito de seres humanos sofrendo com situações ainda piores e, entre eles, haverá sempre alguns que não se deixam abater, que permanecem animados e de bem com a vida. Essas pessoas parecem ter uma capacidade extraordinária de aproveitar a vida e irradiam boa vontade. A adversidade não obscureceu sua vida interior – ela a fortaleceu.

Esse grupo de pessoas percebe o verdadeiro propósito da adversidade. Em vez de resistir ao destino, elas permitem que ele dissolva seus egos. Consequentemente, conforme as coisas pioram, a conexão que têm com a Fonte se fortalece. Elas irradiam luz nas circunstâncias mais sombrias, e não existe circunstância mais sombria do que aquela descrita por Viktor Frankl em sua obra-prima, *Em busca de sentido* (que mencionamos no Capítulo 2). Como você deve se lembrar, ele era um médico que foi prisioneiro em quatro campos de concentração diferentes durante o Holocausto. Mesmo tendo sido privado de seu emprego, sua família e seus bens, com a vida sob ameaça constante, ele se impôs a meta de encontrar um senso de propósito superior em sua situação. Seu sucesso criou um farol luminoso de significado maior que inspirou aqueles à sua volta.

6. Vocês afirmam que as preocupações são tentativas supersticiosas de controlar o universo. Esse tipo de megalomania não é a marca de um narcisista?

Alguns hábitos são tão universais que chamá-los de narcisistas deturpa a definição da palavra. Tecnicamente, narcisistas são megalômanos, necessitam de admiração constante e não têm empatia pelos outros. O termo descreve um grupo muito específico de pessoas. Quando uma pessoa se preocupa constantemente em controlar o mundo, não faz isso necessariamente num sentido megalomaníaco, e ao fazê-lo também não está buscando admiração. Está apenas tentando se manter a salvo.

Não existe quase ninguém – desde a pessoa mais prepotente até a mais modesta – que não sucumba à preocupação. No fundo, todos tememos que o universo esteja muito além do nosso controle. Assim, de maneira muito instintiva, recorremos à única coisa sobre a qual parecemos ter poder: nossos pensamentos. O paradoxo é que é exatamente aí que nossos pensamentos descambam para preocupações incontroláveis.

Só podemos encontrar a paz quando aceitamos a Fonte como a autora dos eventos na nossa vida. Quando nos tornamos megalômanos, apenas a Fonte pode realmente recolocar nossa vida em perspectiva.

7. Posso pensar na Fonte como Deus?

Sim, você pode, mas não é necessário. Fizemos questão de definir a Fonte sem contradizer as crenças de nenhuma religião. Com isso, nossos pacientes religiosos ficam livres para identificar a Fonte como uma divindade. Descobrimos que, não importa como eles entendam Deus, o Fluxo do Agradecimento sempre funciona para dissipar pensamentos negativos.

Por outro lado, existe um grande grupo de pessoas que têm inclinações espirituais, mas não se conectam facilmente com nenhuma religião. Para elas, o conceito da Fonte dá um nome a uma experiência que já tiveram, mas que talvez não tenham conseguido definir: a sensação de que tudo é um presente de um universo generoso. Esse novo foco aprofunda seu senso de gratidão e, como consequência, alivia a negatividade.

Imaginávamos que outro grupo rejeitaria a ideia da Fonte simplesmente por estar associada ao divino: os ateus. Mas o ateísmo é um produto do pensamento consciente. Não importa em que uma pessoa acredite conscientemente, seu inconsciente vê o mundo de maneira própria. Carl Jung revelou isso de modo brilhante em seu estudo dos sonhos, do simbolismo religioso e da mitologia. O inconsciente vive num mundo de símbolos universais mais poderosos que a lógica. A Fonte é um desses símbolos. Quando um ateu usa o Fluxo do Agradecimento, seu inconsciente vivencia esse universo como infinitamente generoso, e isso basta para que ele alcance a paz de espírito.

OUTROS USOS PARA O FLUXO DO AGRADECIMENTO

Algumas pessoas não se preocupam tanto quanto Elizabeth, mas isso não significa que não possam se beneficiar com o Fluxo do Agradecimento. Existem outros tipos de pensamento negativo, e o Fluxo do Agradecimento funciona com todos eles. Descrevo a seguir três pacientes, cada um demonstrando um tipo diferente de tendência a pensamentos negativos. Todos eles conseguiram usar a ferramenta para dissipá-los. Para sua grande surpresa, isso os libertou de limitações que haviam imposto a si mesmos durante a vida inteira.

O Fluxo do Agradecimento liberta você de arrependimentos do passado. Muitos de nós temos o hábito de repensar decisões passadas, culpando essas escolhas por tudo de ruim que nos aconteceu desde então. A vida não é assim tão simples, e esse tipo de arrependimento torna impossível avançar em direção ao futuro. Você precisa de uma ferramenta que lhe dê um senso renovado de possibilidades no presente; só assim poderá deixar o passado para trás.

John era um homem de meia-idade, divorciado, que estava preso no passado. Quando era mais novo, teve uma série de relacionamentos que terminavam no momento em que ele começava a se sentir vulnerável.

– Assim que eu me sentia pressionado, caía fora.

Agora ele se arrependia dessas decisões, convencido de que havia deixado escapar as melhores parceiras. John queria voltar a namorar, mas o arrependimento constante sobre o passado o fazia achar que havia desperdiçado todas as suas chances. Ele havia perdido completamente a esperança de voltar a estar num relacionamento e, quando me procurou para fazer terapia, sofria de depressão crônica.

Eu disse a John que seus erros passados só influenciariam o futuro se ele continuasse obcecado por eles. Sua tarefa era usar o Fluxo do Agradecimento assim que começasse a reviver seus relacionamentos antigos. Mais que apenas interromper a corrente de arrependimentos, a ferramenta o reconectou à Fonte e, assim, o futuro estava novamente cheio de possibilidades. Como parte desse futuro, John agora conseguia se ver num relacionamento com uma nova pessoa. Sua esperança renovada lhe deu coragem para voltar a namorar.

O Fluxo do Agradecimento liberta você da autodepreciação.
A autodepreciação raramente tem a ver com seu valor real como pessoa. É o resultado direto de uma corrente de pensamentos negativos sobre si mesmo. Em geral eles se manifestam como críticas feitas por uma voz interior severa. Essa crítica interior fala com tanta autoridade que é impossível questioná-la. Você precisa de uma ferramenta que silencie por completo essa voz.

Janet havia se formado recentemente em uma conceituada universidade e se mudado para Los Angeles a fim de ficar com o namorado. Ele fazia o tipo "perdedor", mas, sem explicação, ela se sentia atraída por ele. Ele a humilhava em público flertando com outras mulheres, não contribuía financeiramente e ainda a deixava sozinha por várias semanas seguidas. Ela reagia a essas afrontas criticando a si mesma, como se fosse tudo culpa sua. Ela não tinha compaixão suficiente por si mesma: não era descolada nem bonita o bastante. Quanto mais ele a maltratava, mais ela se autodepreciava.

Ela esperava que eu a dissuadisse desses julgamentos severos e ficou surpresa quando eu disse que não iríamos argumentar com essa crítica interior, e sim desligá-la. Ela foi treinada para usar o Fluxo do Agradecimento toda vez que começava a se atacar. Rapidamente começou a desenvolver um relacionamento com a Fonte. Pela primeira vez na vida, Janet sentia que estava vivendo num universo que a apoiava e valorizava. Quanto mais tinha essa experiência, mais equivocada parecia sua autocrítica. Depois de ter alcançado esse estágio, ela encontrou forças para enfrentar o namorado e, passado um tempo, terminou com ele.

Leitores atentos terão percebido que o assunto da autocrítica também é tratado no Capítulo 4. Nele descrevemos a autocrítica como um ataque à Sombra. Portanto, a ferramenta que ensinamos naquela ocasião – a Autoridade Interior – enfatizava a aceitação da sua Sombra. Aqui estamos descrevendo a autocrítica como um tipo de pensamento típico da Nuvem Negra. É por isso que, neste capítulo, estamos ensinando uma ferramenta que lida diretamente com seus pensamentos.

Com o passar do tempo, você encontrará muitos problemas para os quais poderá usar mais de uma ferramenta. Na verdade, nossos pacientes obtiveram grande sucesso usando duas ou até três ferramentas para o mesmo problema. Siga seus instintos para descobrir a melhor combinação para você.

***O Fluxo do Agradecimento faz com que você não julgue os outros.** Quando julgamos os outros, tentamos nos convencer de que nossos pensamentos privados não têm efeito sobre aqueles que nos rodeiam. A verdade é que julgamentos, especialmente julgamentos severos e repetitivos, enviam para o mundo uma energia que acaba afastando os outros. Não basta simular uma atitude tolerante; é preciso eliminar de fato os próprios julgamentos.*

George era um diretor de cinema que, apesar de ainda não ter completado 30 anos, já tinha dirigido dois filmes aclamados pela crítica. Ele começou a julgar todos com quem trabalhava – atores, membros da equipe de filmagem, até produtores e executivos dos estúdios que estavam financiando seus filmes –, considerando-os inferiores intelectual e criativamente. O resultado era uma atitude arrogante que fazia com que as pessoas não quisessem trabalhar com ele. Seu terceiro filme foi mal recebido e sua carreira começou a afundar. Ele se tornou ainda mais crítico em relação aos outros. Quando o conheci, havia mais de um ano que ele não recebia uma oferta de trabalho. Estava se sentindo completamente desmoralizado.

Ele sabia que precisava parar de julgar as pessoas, mas o fato de achar que estava sempre certo dificultava essa tarefa. Eu disse a ele que não importava se seus julgamentos estavam certos ou errados; toda vez que ele julgava os outros, estava prejudicando a si próprio. Seus julgamentos negativos criavam sua versão da Nuvem Negra. Isolado da Fonte, ele literalmente não tinha nada a oferecer para aqueles à sua volta. Por que alguém iria querer trabalhar com ele? Eu o treinei para usar o Fluxo do Agradecimento assim que começasse a julgar alguém. Isso não apenas interrompeu sua negatividade como também lhe proporcionou uma conexão imediata com a Fonte e com sua energia transbordante, transformando seu relacionamento com todo mundo. As pessoas percebiam que agora estavam recebendo mais dele; consequentemente, sentiam-se inspiradas a lhe oferecer mais também.

RESUMO DO FLUXO DO AGRADECIMENTO

Para que serve a ferramenta
Quando sua mente está cheia de preocupação, autodepreciação ou qualquer outro tipo de pensamento negativo, você está sob a influência da Nuvem Negra. Ela limita o que você pode fazer com sua vida e priva seus entes queridos do que há de melhor em você. A vida se torna uma luta pela sobrevivência em vez da realização de uma grande promessa.

Contra o que você está lutando
Contra a ilusão inconsciente de que pensamentos negativos podem controlar o universo. Por acharmos que o universo nos é indiferente, nos agarramos à sensação de controle que os pensamentos negativos nos proporcionam.

Deixas para usar a ferramenta
1. Use o Fluxo do Agradecimento sempre que for acometido por pensamentos negativos. Se não forem desafiados, eles só se fortalecerão.
2. Use o Fluxo do Agradecimento toda vez que sua mente ficar sem rumo – quando estiver preso no trânsito, na fila do mercado ou numa chamada em espera.
3. Você pode até tornar a ferramenta parte de sua rotina diária. Isso faz com que horários específicos (ao acordar, ao se deitar ou durante as refeições) se tornem deixas também.

A ferramenta em poucos passos
1. Comece com uma lista mental das coisas específicas em sua vida pelas quais você é grato, sobretudo itens aos quais você em geral não dá importância. Você também pode incluir eventos ruins que não estão acontecendo. Vá devagar para que possa realmente sentir a gratidão por cada item. Não faça a mesma lista toda vez que usar a ferramenta. O ideal é que você faça certo esforço para pensar em novas ideias.
2. Depois de cerca de trinta segundos, pare de pensar e concentre-se na sensação física da gratidão. Você a sentirá vindo diretamente de seu peito. Essa energia que você está emanando é o Fluxo do Agradecimento.
3. Conforme essa energia emana de seu coração, seu peito se abranda e se abre. Nesse estado, você sente uma presença arrebatadora se aproximando, cheia do poder da generosidade infinita. Você estabeleceu uma conexão com a Fonte.

A força superior que você está usando
Longe de nos ser indiferente, o universo possui uma força superior que nos criou e permanece intimamente envolvida com nosso bem-estar. A essa força superior nos referimos como a Fonte. A experiência de seu poder arrebatador dissolve toda a negatividade, mas não podemos percebê-la sem o Fluxo do Agradecimento.

CAPÍTULO 6

A ferramenta: Risco

A força superior: Força de Vontade

Este livro põe em suas mãos um poder especial – o poder de mudar a sua vida. E para isso você só precisa fazer uma coisa: *usar as ferramentas*. Como recompensa, você descobrirá uma versão melhor e renovada de si mesmo. Quem não iria querer isso?

Então é claro que supus que meus pacientes fossem querer também. As ferramentas que ofereci funcionavam como prometido; eles estavam se tornando mais confiantes e criativos, mais expressivos e corajosos. Os resultados eram tão bons que fiquei completamente chocado com o que aconteceu em seguida: quase todos os pacientes pararam de usá-las. Fiquei estupefato. Eu lhes tinha mostrado o caminho para uma nova vida e, sem nenhuma justificativa plausível, eles se desviaram desse caminho – até os mais entusiasmados.

Não suponha que você vai se sair melhor. Meus pacientes tinham uma grande vantagem sobre você. Eu estava lá toda semana, no pé deles, como um personal trainer. Sem isso, é ainda maior a probabilidade de parar de usar as ferramentas.

Mas também não precisa se desanimar por causa disso. Phil e

eu desenvolvemos uma estratégia para impedir que você desista. Só que você precisa entender que está enfrentando um adversário terrível. Neste capítulo você vai aprender as táticas do seu oponente de modo a conseguir se defender.

A maioria dos livros de autoajuda nem sequer lida com a questão da desistência. Eles podem oferecer um programa a ser seguido, mas não são realistas no que diz respeito à dificuldade de continuar se dedicando. Não queremos subestimar o desafio de mudar sua vida – e nem precisamos fazê-lo. Afinal, podemos ajudar você a se tornar forte o suficiente para passar no teste.

A maneira mais rápida de fazer isso é observando o que aconteceu com um paciente meu. Você já foi apresentado a ele.

Estou falando do Vinny, lembra? O comediante que tinha tanto medo da dor que acabava se escondendo nos círculos menos prestigiosos do mundo da comédia. Você pode refrescar a memória voltando rapidinho ao Capítulo 2. Vou dizer a verdade: quando escrevi aquele capítulo, omiti certas partes da história de Vinny – momentos sombrios em que ele simplesmente não estava progredindo, em que estava prestes a desistir de vez. Se eu tivesse narrado esses momentos, o capítulo ficaria três vezes maior. Mas você precisa entender a luta pela qual ele passou, porque você também vai passar pela sua.

Vinny odiava qualquer tipo de dor, mas o que ele mais odiava era se sentir vulnerável na frente dos outros. É por isso que ele evitava qualquer pessoa que tivesse o poder de ajudá-lo. Ele não fazia testes para que outros profissionais avaliassem seu trabalho – nem sequer falava com eles. Escondia seu medo com um senso de humor zombeteiro que perdia a graça muito rapidamente.

Usando a Inversão do Desejo, ele aprendeu a combater sua fuga da dor. Começou a aparecer na hora marcada para as reuniões, bem preparado e com uma atitude respeitosa. Logo estava se relacionando profissionalmente com pessoas que tinham o poder de ajudá-lo, e elas o colocaram nos melhores clubes de comédia. Então ele conseguiu a chance de fazer um teste para uma nova série de TV que estava dando o que falar. Era seu maior sonho, mas, como isso o tornava vulnerável, era também seu pior pesadelo.

Ele precisou passar por uma série de testes altamente estressantes, mas usou a Inversão do Desejo com uma disciplina ainda maior. Isso lhe permitiu superar seu medo e, para sua surpresa, ele conseguiu o papel. Vinny agora tinha uma ponte para o futuro que desejava; tudo o que precisava fazer era atravessá-la. Se seu medo retornasse, ele teria a Inversão do Desejo para mantê-lo no caminho certo.

Alguns dias depois de ter conseguido o papel, ele apareceu em meu consultório. Bastaram poucos minutos para eu perceber que ele não atravessaria a ponte: pularia dela. Expliquei que seria necessário um plano realista para lidar com as pressões daquela nova situação, mas ele não pareceu me escutar e simplesmente desandou a falar de todas as celebridades que estava conhecendo e sobre como elas o achavam engraçado. Tive a nítida impressão de que Vinny havia abandonado a realidade por um mundo mágico onde todos os seus desejos poderiam se tornar realidade.

Alarmes começaram a disparar na minha mente.

– Vinny, é aí que as pessoas se destroem – comentei. – Ao primeiro gostinho de sucesso, elas param de fazer o trabalho interior. Mas a realidade continua sendo a mesma. Elas precisam das ferramentas ainda mais do que antes.

– Doutor – retrucou ele friamente –, eu vou ser uma estrela de TV. Você já viu como o mundo trata as estrelas? Estou com a vida ganha de agora em diante.

Após anos trabalhando com celebridades, eu sabia que esse raciocínio era ridículo. Para citar apenas alguns dos problemas que os famosos enfrentavam, havia relacionamentos que deram errado, conflitos com os filhos, doenças, assédio invasivo de fãs, envelhecimento, críticas negativas e empresários vigaristas. Os mais espertos sabiam que o sucesso não os protegeria. Eles davam duro na terapia, especialmente com as ferramentas.

Vinny não era um dos espertos. Ele precisava de um exemplo com o qual pudesse se identificar.

– E se um dos roteiros desfavorecer seu personagem e tirar toda a graça dele? – falei. – Lembre-se: milhões de pessoas estarão assistindo.

– Sou importante demais para o programa – respondeu ele, gesticulando com indiferença. – Eles jamais me colocariam numa posição desfavorável. Tem duas matérias sobre mim saindo no mês que vem! – Vinny não tinha ideia de quão descartável ele de fato era.

Feliz em sua ignorância, ele fez da vida uma celebração ininterrupta de suas desilusões. Sua primeira medida oficial foi parar de usar a Inversão do Desejo. Era como se o Zorro atirasse em seu fiel cavalo, Tornado. Sem a Inversão do Desejo, seus hábitos adultos recém-descobertos começaram a escapar. Aquela pessoa que trabalhava em seu material diariamente, que se exercitava e vivia numa casa limpa havia desaparecido por completo.

Não que a casa não estivesse sendo usada – seu velho grupo de puxa-sacos se reunia lá toda noite. Inebriado por maconha, cerveja e adulação barata, ele havia recriado sua Zona de Conforto. Às vezes convidava uma subcelebridade para passar por lá e dar um toque de "classe" à ocasião (o que só servia para mostrar o quão chapado ele estava).

Contudo, ele ainda tinha um programa para fazer. A roteirista responsável pelo seriado tinha o hábito inexplicável de querer que os atores dissessem as palavras que ela havia escrito. Isso significava que era preciso decorar as falas. Vinny reclamava disso.

– Qual o problema de eu improvisar? É o que sei fazer de melhor. Se ela não fosse um embuste, saberia tirar proveito disso.

O problema não era com o "embuste", mas com o próprio Vinny. Para ele, decorar falas não era divertido – estrelas não decoram textos. Sua chefe, no entanto, não se compadeceu. Quando Vinny apareceu de ressaca e tentou fazer uma cena inteira de improviso, ela lhe deu um ultimato.

Dali em diante as coisas só pioraram: ele passou a chegar atrasado para as filmagens; agia com imaturidade e se recusava a cooperar; e os outros atores começaram a evitá-lo. Alertei que tudo acabaria mal se ele não amadurecesse e voltasse a usar a Inversão do Desejo. Isso causou certo atrito entre nós (se você considerar atrito o fato de ele gritar comigo e me chamar de zé-ninguém). Ele começou a faltar às nossas sessões e acabou largando a terapia. Não havia nada que eu pudesse fazer a respeito – ele tinha parado de me escutar havia tempo.

VOCÊ ACREDITA EM MAGIA?

Era óbvio que Vinny havia desistido de si mesmo. De um jeito ou de outro, a maioria dos meus pacientes fez a mesma coisa. Eles podem ter continuado com a terapia, mas, como Vinny, convenceram-se de que não havia problema em parar de usar as ferramentas. Mas havia problema, sim – eles estavam se sabotando. Posso garantir que você ainda vai se encontrar exatamente no mesmo barco. Você vai experimentar as ferramentas, vai ficar encantado com o que elas farão por você e, ainda assim, vai deixar de usá-las.

Mas por que esse comportamento é tão comum? A resposta é que a nossa cultura tem uma visão irreal do que significa ser humano. Gostamos de pensar em nós mesmos como produtos acabados, completos. Não somos. Para sermos completos, precisamos permanecer conectados com algo além de nós mesmos. O esforço constante que isso exige nos leva a inferir que um ser humano nunca pode ser mais do que uma obra em andamento.

Pense em sua mente como uma TV recém-comprada, de tela plana e de última geração. Você a tira ansiosamente da caixa, mas ela não funciona. Um fio se soltou. Não há como comprar uma fiação nova, então você precisa consertá-la com seu próprio esforço. E o pior de tudo: o fio se solta o tempo todo; você precisa fazer esse remendo todos os dias. Só que na sua mente a conexão que está falhando não é com a fonte de energia elétrica, mas com as forças superiores, e toda vez que essa conexão falha um de seus problemas pessoais aparece. As ferramentas restabelecem a conexão – é por isso que funcionam. Contudo, a conexão nunca dura; ela vai falhar novamente.

Usar as ferramentas é, portanto, uma tarefa sem fim.

Essa é uma lição de humildade. Além de não ser nossa escolha, é algo que precisaremos fazer pelo resto da vida. Uma das minhas pacientes exemplificou muito bem quão difícil é aceitar isso. Algumas semanas após ter se mudado para sua casa dos sonhos, ela chegou ao meu consultório chorando amargamente. Já odiava a nova cozinha, mas não pelos motivos que você imaginaria. Toda noite depois do jantar, ela esfregava a louça e as bancadas até que não sobrasse nenhuma mancha.

– Assim que termino – falou ela –, tenho um acesso de raiva. Daqui a pouco meu marido vai estar ali fazendo um lanche e espalhando farelo para tudo quanto é lado. Amanhã de manhã minha filha de 2 anos vai arremessar papinha de maçã contra a parede. Por que me dei ao trabalho de limpar? Nunca fica limpo mesmo.

E se houvesse um modo de livrá-la de sua labuta infinita? Isso pode parecer slogan de um produto de limpeza, mas é sério. Todos nós temos uma fantasia de "algo mágico" – um relacionamento, um emprego, uma realização ou um bem – que nos livrará da rotina da vida real. Quanto a trabalhos domésticos, pode ser a fantasia de uma cozinha autolimpante. Quanto a seres humanos, é a fantasia de podermos prescindir das forças superiores para nos completar, porque aí simplesmente não precisaríamos mais das ferramentas.

Para Vinny, o "algo mágico" era a fama. Agora que era famoso, a necessidade de enfrentar a dor havia desaparecido. Na verdade, não deveria mais haver qualquer tipo de dificuldade. Se Vinny tinha uma religião, era essa. Ele não buscava o paraíso, somente a vida fácil. Em suas próprias palavras:

– Era isso que eu queria desde que era criança e apanhava do meu pai por ter um sonho. Eu fiz a minha parte e agora estou recebendo a recompensa.

A recompensa tem um nome. Phil refere-se a essa fantasia de viver uma vida fácil, sem esforço, como "exoneração". A maioria das pessoas pensa em exoneração como a demissão de um cargo, mas a palavra também tem o sentido de isentar-se de uma tarefa ou obrigação. Aqui o termo se refere à maior das obrigações: a de fazer um esforço pelo resto da vida.

No fundo, todos desejamos algo mágico que nos exonere. Pode ser dinheiro, um prêmio, um filho superdotado, a autoconfiança na frente dos amigos, etc. Pare um pouco e identifique o que é esse algo mágico para você. Pode ser qualquer coisa, mesmo que ínfima – o importante é que você responda com sinceridade. Depois experimente o seguinte exercício:

> Imagine que você conseguiu o "algo mágico" e que isso eliminou o esforço da sua vida. Sinta essa conquista por um momento. Agora pense que isso não passou de uma fantasia. Como você se sente sabendo que nunca conseguirá escapar dos intermináveis esforços da vida?

Agora você sabe por que quase todos os pacientes pararam de usar as ferramentas. Não bastava que a vida estivesse melhorando em todos os sentidos. Eles queriam o que as ferramentas nunca poderiam fornecer: uma pílula mágica para exonerá-los de todo e qualquer esforço. Espiritualmente, ainda eram crianças.

O PREÇO DA EXONERAÇÃO

A imaturidade espiritual cobra seu preço.

Depois que Vinny largou a terapia, fiquei sem vê-lo por vários meses. Até que, voltando do almoço certo dia, saí do elevador no meu andar e alguém me segurou pelo braço. A princípio achei que estava sendo assaltado, mas logo percebi que estava servindo de tábua de salvação. Então ouvi o choro soluçante.

Era Vinny como eu nunca tinha visto, com os olhos vermelhos e o rosto molhado de lágrimas. Ele me lançou um olhar penetrante que nunca vou esquecer, mas não conseguia dizer nada. Levei-o até o consultório e tranquei a porta.

– Eles me demitiram – disse ele, lançando-me novamente aquele olhar. – Por que não escutei você?

Eu disse a ele que precisávamos continuar o trabalho, que aquilo pelo que ele estava passando era apenas outro tipo de dor e que a Inversão do Desejo ainda funcionaria (consulte o Capítulo 2 para relembrar como essa ferramenta funciona com eventos que já aconteceram). Pedi que fosse para casa se recuperar e que usasse a ferramenta repetidamente até eu conseguir um horário para atendê-lo.

Na sessão seguinte ele estava um pouco melhor, mas não havia usado a Inversão do Desejo nem ao menos uma vez.

– Vinny – protestei –, não podemos perder tempo. Estou tentando evitar que você perca o mais importante de tudo.

– Já perdi, doutor.

Vinny achava que o mais importante de tudo era sua carreira. Era verdade que em pouco tempo ele havia deixado de ser um comediante promissor com uma chance incrível de alavancar a carreira e se transformado num pária sem emprego. Era uma queda abissal. No entanto, quando o pressionei novamente a usar a Inversão do Desejo, sua resposta revelou o maior dos castigos:

– Você não entende, doutor. Eu mal consigo sair da cama.

Vinny tinha caído na escuridão de um abismo. Somente as ferramentas poderiam ajudá-lo a sair de lá, mas ele estava desmoralizado demais para usá-las. A demissão tinha sido apenas um evento exterior. O verdadeiro dano é quando ficamos permanentemente desmoralizados e paramos de tentar. É nesse ponto que perdemos tudo: não temos futuro.

Eu estava bastante familiarizado com a desmoralização. Assim como Vinny, eu também tinha sido traído por meu próprio plano mágico. Quando eu tinha 10 anos, comecei a estudar freneticamente para um dia entrar em Harvard. Fazia de tudo para manter minhas notas o mais altas possível – na verdade, dei tão duro que não apenas fui aceito em Harvard, como a universidade ainda me deixou pular algumas disciplinas. Fiquei exultante. Mas quando cheguei lá percebi a verdade: tinha ainda mais trabalho pela frente. Desabei. Fui aprovado por pouco no meu primeiro ano.

Nossa cultura como um todo está desmoralizada. Todos os sintomas estão presentes: nós nos deleitamos com a adrenalina do sexo banal e da violência gratuita; preferimos ganhar uma discussão a buscar soluções reais para os nossos problemas. Perdemos a esperança em nosso futuro. Esse é o preço que pagamos por nos entregarmos a fantasias infantis.

A exoneração sem consequências é impossível, seja para um indivíduo ou para uma sociedade. Quando essa falsa esperança é inevitavelmente destruída, acabamos desmoralizados. Esta é uma lei inescapável: *a exoneração sempre acaba na desmoralização*.

Existe um caminho que pode nos tirar dessa enrascada, mas temos um inimigo determinado a nos impedir. Esse oponente nos ataca a todo momento: quando ligamos a TV, entramos na internet ou lemos uma revista. Ele nos atinge até quando estamos dirigindo, e especialmente quando entramos no santuário sombrio de seu poder: o shopping center.

FANTASIA À VENDA

O inimigo se chama "consumismo". Ele nos fala por meio de cada anúncio, patrocínio, logotipo, outdoor. Sua mensagem implícita é sempre a mesma: existem coisas externas que você precisa obter. Impotentes demais para resistir, ficamos compelidos a adquirir uma coisa atrás da outra. No entanto, não aproveitamos por muito tempo cada novo item adquirido; depois que o compramos, desviamos nosso foco para a próxima aquisição.

Inevitavelmente, o consumismo se insinua em todas as nossas atividades, não apenas quando vamos às compras. Consumimos experiências de vida assim como consumimos celulares, calças jeans e carros importados. Músicas, ideias ou amigos num dado momento são novidades e no momento seguinte já se tornaram obsoletos. Então os descartamos e passamos para a próxima novidade. O consumismo se tornou nosso modelo de vida. E o consumo passou a mandar no consumidor.

Vinny não gostava de admitir, mas era tão sujeito a isso quanto qualquer outra pessoa. Enquanto ele usava as ferramentas, sua meta era externa – alcançar a fama. As ferramentas eram uma muleta da qual ele precisava até chegar lá; depois as descartou.

Você não é mais imune ao consumismo do que Vinny. É provável que você esteja neste exato momento sob o domínio desse inimigo. Se não acredita, faça uma avaliação sincera de como está lendo este livro. Como um consumidor, você o lerá rápida e superficialmente, torcendo para que seja a "resposta" que estava buscando. Mesmo que não admita, você vai querer que o livro funcione como uma pílula: algo a engolir sem esforço nenhum.

Este livro foi desenvolvido para mudar sua vida. Só que ele não é uma pílula mágica, e sim um plano de ação. Se você estiver lendo como um consumidor, é melhor nem continuar. A mudança só acontece por meio do uso fiel das ferramentas. Você pode ler algo que o inspire a usá-las, mas sua determinação vai diminuir e você acabará desistindo. É como aquela velha piada: "Quando sinto vontade de trabalhar, deito e espero passar." Só que não tem graça.

Consumidores tentam compensar a própria preguiça devorando novas informações – seriados, podcasts, sites, mensagens de texto, e-mails, etc. Mas, como uma refeição devorada rápido demais, nada é realmente digerido. Certa vez conheci uma mulher num seminário que me disse ter lido 75 livros sobre espiritualidade no mês anterior. Como é que ela poderia encontrar sentido num livro quando já estava consumindo o seguinte? Tentar consumir a espiritualidade é como comprar vários sistemas de GPS para seu carro e não aprender a usar nenhum deles.

Por mais óbvia que a presença do consumismo seja em nossa vida, ainda assim não conseguimos resistir a ele. Na verdade, seu poder se baseia em algo saudável. Possuímos um desejo natural por um relacionamento com as forças superiores, tão potente que nunca pode ser erradicado. O consumismo canaliza esse desejo na direção errada, convencendo-nos de que as forças superiores existem *dentro* daquele algo mágico. Dessa forma, uma vez que você o adquire, passa a *possuir* as forças superiores; você não precisa de um relacionamento com elas. Essa "caça ao tesouro" é uma busca pelo impossível, mas, em vez de admiti-lo, continuamos buscando incessantemente o próximo algo mágico.

Essa busca mal direcionada pela magia nos cerca todos os dias. Os consumidores podem negar que fazem isso, mas são traídos pelo próprio comportamento. Eles correm atrás de algo – uma nova esposa ou um novo marido, um novo guarda-roupa, um novo hobby – com enormes expectativas. Essas expectativas nunca se cumprem, o que só faz com que eles busquem com ainda mais afinco. Da próxima vez que você vir um grupo de consumidores se engalfinhando para garimpar os itens em liquidação numa loja de departamentos, diga a si mesmo que está testemunhando uma caça à magia cósmica. Isso deve manter você afastado das liquidações por um bom tempo.

No entanto, você só estará livre de verdade quando perder completamente a esperança de encontrar a magia.

A FORÇA SUPERIOR: FORÇA DE VONTADE

Não é divertido ver nossas esperanças arrefecerem. Vinny levou um tempo para deixar de enxergar sua situação como um completo desastre. Durante o primeiro mês após ter voltado para a terapia, toda sessão era uma combinação de briga com uma conversa encorajadora. Precisei convencê-lo de que a única maneira de se recuperar era se conectando às ferramentas – e depois permanecendo conectado. Nunca chegaria o momento em que ele não precisaria mais das ferramentas. Quando ele se deu conta disso, ficou lá sentado como se tivesse acabado de receber uma sentença de morte. Tentei puxar conversa:

– Em que você está pensando, Vinny?

– Eu costumava sonhar com o dia em que teria meu próprio

programa. Agora não há mais nada no meu futuro além das ferramentas.

– Este é um bom primeiro passo – falei. – Um mês atrás você achava que não havia futuro algum na sua vida.

Vinny finalmente se convenceu de que esse processo de humildade era a única maneira de se salvar. (Eu repeti isso para ele diversas vezes.) Mas havia momentos – vários momentos – em que ele não conseguia se forçar a usar as ferramentas. O que havia mudado era que agora ele *queria* usá-las – o que só o deixava mais frustrado quando não conseguia. Essa é uma experiência desconcertante para a maioria das pessoas. Gostamos de pensar que temos controle racional sobre nós mesmos; que, quando decidimos fazer algo, conseguiremos fazê-lo.

Vinny foi obrigado a admitir que não era assim tão simples.

– Eu não consigo seguir minhas próprias instruções – disse ele, trêmulo. – Tem alguma coisa faltando... Espero que você saiba o que é.

Eu sabia o que era, mas queria que ele *sentisse* a resposta, então perguntei:

– Qual foi a maior volta por cima que você já viu alguém dar?

– Foi numa luta de boxe. Isso conta?

– Conta, claro. O que aconteceu?

– O cara estava lutando numa categoria de peso acima da dele, mas até que não estava se saindo tão mal. No último round, tomou um baita soco no queixo. Ficou caído na lona como se estivesse morto. Sei que parece loucura, mas, quando o juiz já havia contado até seis, ele de repente voltou à vida. Era como se tivesse apertado um interruptor. O filho da mãe conseguiu se levantar e terminar a luta. Ele conseguiu até um empate. Foi a melhor luta que eu já vi.

– Certo! Agora feche os olhos e imagine o momento em que ele apertou aquele interruptor. O que você vê acontecendo dentro dele?

– Estava tudo escuro. De repente, teve uma faísca.

– Você acaba de ver o que está faltando em você.

– É isso? É isso que vai me salvar? Uma porra de uma faísca?

– Essa "porra de uma faísca" é a única coisa que pode salvar você. Ela trouxe aquele lutador de volta do mundo dos mortos. Você sabe como essa faísca se chama? – Contrariando seu costume, Vinny ficou em silêncio. – Chama-se força de vontade.

Aquela não era a revelação pela qual Vinny estava esperando. Ele reagiu como se tivesse acabado de pagar uma fortuna por uma imitação de Rolex. Porém, como ocorre com a maioria das pessoas, a noção que Vinny tinha de "força de vontade" havia sido formada na infância. Ele não tinha a menor ideia de quão real era a força de vontade, muito menos de como desenvolvê-la.

São raras as pessoas que não sentem precisar de mais força de vontade – e geralmente desejam muito mais. Recorremos a ela quando precisamos fazer algo difícil ou desagradável: exercício físico, pôr as contas em dia, até mesmo acordar de manhã. Também recorremos a ela quando precisamos conter impulsos nocivos, como comer em excesso ou usar drogas.

São situações em que o mundo à nossa volta não nos ajuda em nada – na verdade, temos que agir apesar de sua influência negativa. É necessária uma força que você possa gerar completamente dentro de si. A cultura ocidental a representa como uma luz aparecendo na escuridão, como que do nada. Era essa a faísca que Vinny tinha visto.

Quando Vinny não conseguia seguir "suas próprias instruções" para usar as ferramentas, o que lhe faltava era a faísca da força de vontade. Sem ela, ele acabaria desistindo novamente – a terapia seria um fracasso. Como isso se aplicava a muitos de nossos pacientes, desenvolvemos uma estratégia para fortalecer a força de vontade. Qualquer um – mesmo aqueles mais propensos a desistir – pode desenvolver um grau de força de vontade que não achava ser possível.

A grande maioria das filosofias de crescimento pessoal nem sequer aceita isso e certamente não fornece um modo de desenvolver força de vontade. Em vez disso, finge que é fácil mudar a sua vida. Não é. Nossa abordagem é a oposta: estamos admitindo que o caminho será difícil, mas vamos tornar você forte o suficiente para enfrentar o desafio. Isso significa aumentar sua força de vontade – como resultado da quinta ferramenta. De certa forma, essa ferramenta é a mais importante de todas, pois garante que você continue usando todas as outras. Não importa quão eficazes sejam as quatro ferramentas anteriores se você não as utilizar.

Como leitor, pode ser que você perceba uma contradição aqui. As quatro ferramentas que apresentamos até agora têm um poder extraordinário oriundo da conexão com forças superiores que já estão presentes. Por outro lado, definimos a força de vontade como algo que não existe a não ser que você mesmo a gere. Ela pode ser uma força superior mesmo assim? Pode, mas há uma diferença entre ela e as outras quatro que já descrevemos.

Aquelas quatro são dádivas que recebemos. A força de vontade não. Os seres humanos participam de sua criação. O universo está envolvido, mas somente para fornecer o contexto no qual os seres humanos desenvolvem a força de vontade. Na história do lutador narrada por Vinny, o universo contribuiu com a escuridão. Felizmente, a maioria de nós não termina nocauteada na lona. Nossa escuridão surge quando estamos completamente desmoralizados e queremos desistir.

Raramente entendemos a dádiva que é a escuridão. Sem ela, não haveria maneira de descobrir nossa própria faísca interior. É exatamente quando estamos desmoralizados que o universo se torna nosso parceiro. A desmoralização é, na verdade, nosso momento mais sagrado.

Só que precisamos saber o que fazer com ela. É aí que entra a quinta ferramenta.

A FERRAMENTA: RISCO

Essencialmente, necessitamos de uma ferramenta que gere a faísca da força de vontade, aquela que fez o boxeador se levantar da lona e que fará você superar seus momentos mais sombrios de desmoralização. Essa faísca é mais do que apenas a decisão de fazer algo no futuro (basta recordar suas últimas resoluções de ano-novo). A ferramenta precisa impulsionar você a agir de imediato. Não existe meio-termo: ou você usa as ferramentas ou não usa.

Agir de imediato requer um senso de urgência, mas a urgência é desconfortável. O único momento em que a sentimos é quando corremos o risco de perder algo importante: um emprego, um relacionamento, nossa segurança física. Um recital pode pôr a reputação de um músico em risco, então ele pratica duas vezes mais. Uma apresentação de negócios pode ameaçar a promoção de uma executiva, então ela passa a noite em claro se preparando. Daqui em diante, para facilitar, vamos chamar esse tipo de situação simplesmente de "risco". Ele aciona uma explosão de energia que não se pode conseguir de nenhuma outra maneira.

Tive uma lição inesquecível sobre o poder do risco enquanto estudava para a prova da Ordem dos Advogados da Califórnia. O exame é uma maratona de três dias. Mais da metade dos candidatos é reprovada, e eu não queria ser um deles. Durante meses, não fiz nada além de estudar, enquanto caixas e caixas de pizza iam se empilhando ao meu redor. Eu nunca estivera tão alerta e concentrado na minha vida. Morria de medo (diria até pavor) de perder pontos por não ter estudado alguma parte obscura do direito. Qualquer minuto parecia crucial. Eu me lembro de pensar que, se conseguisse me concentrar assim o tempo inteiro, não haveria nada que eu não seria capaz de fazer.

Eu estava sentindo aquela força porque, pela primeira vez na vida, havia aceitado que o tempo é limitado. Eu não podia me dar ao luxo de desperdiçá-lo, ruminando o passado ou fantasiando o futuro. A única coisa que importava era o que eu estava fazendo naquele exato momento.

Para a maioria de nós, essa verdade – o fato de que cada minuto conta – é pressão demais para aguentar. Admiti-la significaria ter que dar 100% de nós o tempo todo. Preferimos ficar confortáveis até que um prazo nos force a agir. Só que os prazos passam e com eles também vai embora a força de vontade. Assim que minha prova acabou, acabou também meu senso de risco. Voltei ao meu velho estilo de vida passivo, farreando toda noite, até que caí em depressão. Como a maioria das pessoas, pensei que fosse simplesmente assim que as coisas funcionassem.

Quando conheci Phil, ele me convenceu de que havia um caminho melhor. Ele disse algo que nunca havia me ocorrido:

– A verdadeira força de vontade não pode depender dos acontecimentos. A força de vontade tem que estar além do que acontece.

Aquilo me pareceu confuso.

– Não são os acontecimentos que nos colocam em risco? – perguntei.

– Acontecimentos são temporários. Você precisa encontrar uma fonte permanente de risco. Só existe uma coisa que você corre o risco de perder a todo momento.

– O quê?

– Seu futuro.

Não costumamos pensar no futuro como algo que temos a

perder. Mas isso mudará se você usar as ferramentas regularmente. Elas não apenas o ajudam a superar seus problemas hoje, como também mudam a pessoa que você se tornará no futuro. Seja você um escritor, uma empresária, um pai ou uma mãe, você ganha uma capacidade que antes não tinha. Você passa a participar da definição de seu próprio futuro. Com acesso a forças superiores, seu potencial não tem limites.

Se você continuar usando as ferramentas, esse potencial ilimitado será o seu futuro. Mas isso não é automático. Basta você parar de usá-las para que seu potencial seja destruído. Então há muito mais em jogo. Seu futuro está em risco a todo momento. Isso gera uma tremenda urgência – e a força de vontade que vem com ela. A penalidade por não usarmos as ferramentas é muito maior do que gostaríamos de admitir. Com Vinny, eu queria que ele sentisse quão grave a penalidade poderia ser.

Pedi que ele fechasse os olhos e imaginasse que, derrotado por sua própria desmoralização, nunca usaria as ferramentas novamente.

– Como estaria sua vida daqui a alguns anos? – perguntei.

Uma imagem lhe veio à cabeça na mesma hora, e ele fechou a cara.

– Estou me vendo como um decrépito de 150 quilos, um merda deitado numa cama que não é arrumada desde a pré-história... Meu Deus! – Algo o aterrorizara. – Estou morando na casa da minha mãe!

Isso não tinha a menor graça para Vinny; era um desastre humilhante. Ele não podia recorrer ao seu velho truque de me culpar por uma notícia ruim, porque a imagem surgiu de seu inconsciente completamente sozinha. Pela primeira vez na vida, Vinny enxergou o que estava em jogo. Não importava o que ele dissesse, somente a ação poderia salvá-lo – ou ele usava as ferramentas ou não usava.

Cada pessoa tem sua própria versão de um futuro destruído. Qualquer que seja a sua, a dor e o arrependimento serão enormes. Para garantir que você não desista das ferramentas, será preciso uma estratégia para permanecer consciente de tudo que está em jogo. É isso que a quinta ferramenta faz. É essa consciência que cria a urgência capaz de despertar uma força de vontade inabalável.

Como a ferramenta é baseada na ameaça da perda de seu futuro, nós a chamamos de Risco. Quando usamos a palavra com inicial maiúscula, estamos nos referindo à ferramenta. De certa maneira, ela é a ferramenta mais importante – é sua apólice de seguro contra o abandono das outras quatro.

Para entender como o Risco funciona, escolha uma das quatro ferramentas básicas dos Capítulos 2 a 5 – a que parecer mais importante para seu próprio crescimento. Então, leia toda a ferramenta do Risco cuidadosamente antes de tentar utilizá-la.

Risco

Imagine ter a capacidade de enxergar muito além no futuro. Veja a si mesmo em seu leito de morte. Esse eu mais velho sabe quão crucial é cada momento, pois já não lhe resta nenhum. Você o vê se levantar da cama e pedir aos gritos que não desperdice o momento presente. Você sente um medo profundo, oculto, de estar desperdiçando sua vida. Isso cria uma pressão urgente para que você use – agora mesmo – a ferramenta básica que escolheu dos capítulos anteriores.

Alguns pacientes se sentem contrariados quando pedimos que visualizem seu último momento na Terra. Acontece que essa é a perspectiva que cria o maior senso de urgência. A morte é o lembrete mais poderoso de que a vida humana contém um número finito de momentos. Isso faz com que cada minuto seja inestimável. O efeito reanimador produzido pela proximidade da morte foi descrito com muita eloquência por Samuel Johnson, escritor britânico do século XVIII, que disse: "Quando um homem sabe que está em vias de ser enforcado, concentra sua mente de maneira esplêndida."

A menos que você esteja agora no corredor da morte, esse tipo de foco inexorável provavelmente não faz parte da sua experiência diária – o que é muito conveniente para quem quer permanecer na Zona de Conforto. Mas, no fundo, a maioria de nós vive com medo de estar desperdiçando a vida. O número inacreditável de distrações que o consumismo oferece nos ajuda a enterrar esse medo. Usar o Risco acaba com nossa negação e transforma nosso medo em urgência de agir. Essa urgência acende a faísca da força de vontade.

Nunca haverá um momento em que essa faísca será desnecessária. É por isso que Phil disse que precisávamos de uma "fonte permanente de risco". A perspectiva do leito de morte nos fornece essa fonte, independentemente da situação à nossa volta. Ela nos permite criar força de vontade a qualquer momento.

A figura a seguir mostra o processo de criação da força de vontade.

Urgência

NÃO DESPERDICE O PRESENTE

PERSPECTIVA DO LEITO DE MORTE

FORÇA DE VONTADE → **FERRAMENTAS**

MOMENTO PRESENTE

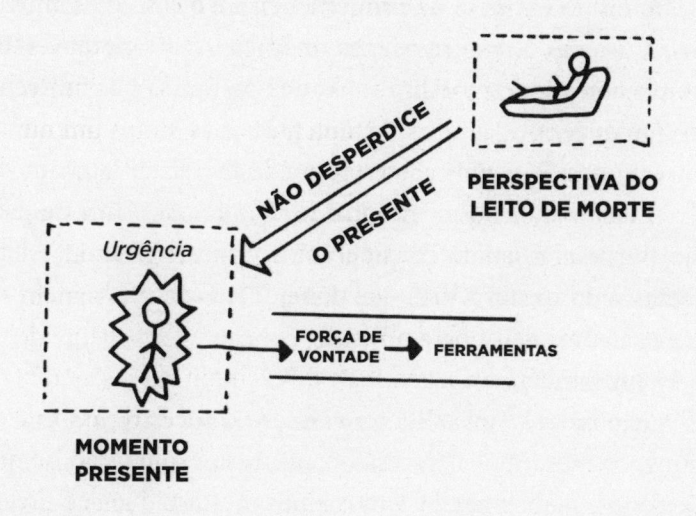

O bonequinho no canto superior direito representa você em seu leito de morte. Ele está muito mais consciente do que você de que seu tempo é limitado. O alerta que ele traz é simbolizado pela seta que diz "Não desperdice o presente". A figura dentro da caixa intitulada Momento Presente é você. As linhas tracejadas que a rodeiam representam a pressão urgente de usar o agora antes que ele se vá. É essa urgência que cria a força de vontade para aplicar as ferramentas. Enquanto permanecer consciente desse alerta, você terá a força de vontade para continuar usando as ferramentas. Você estará pavimentando o caminho para um futuro de mais possibilidades.

QUANDO USAR O RISCO

Embora o Risco seja eficaz em qualquer situação, há momentos em que ele é especialmente crucial. Ao identificá-los, você reconhecerá melhor as deixas para usar a ferramenta.

Um ótimo exemplo da primeira deixa é o caso de Vinny. Ele *queria* usar as ferramentas, mas *não conseguia* porque estava completamente desmoralizado. Todos passamos por momentos em que queremos usar as ferramentas, mas simplesmente não conseguimos. Podemos não estar tão desmoralizados quanto ele; talvez atribuamos nossa incapacidade à preguiça ou à exaustão. Não importa. Quando consideramos impossível usar as ferramentas, a única coisa que pode nos ajudar é mais força de vontade. Essa é uma deixa para o Risco.

Vinny também fez a gentileza de exemplificar a segunda deixa, que é menos óbvia. Tem a ver com o sucesso. Assim como Vinny, confundimos o sucesso com nossa exoneração de qualquer esforço adicional. Dizemos a nós mesmos que não precisamos mais exercer força de vontade. Mas não importa quão bem a gente se sinta – quando se torna uma desculpa para abandonar as ferramentas, o sucesso destrói nosso futuro. É isso que define a segunda deixa. Toda vez que pensamos ter atingido um crescimento para além das ferramentas, estamos diante de uma deixa para usar o Risco imediatamente.

É claro que nossa tendência a desistir das coisas não se limita às ferramentas. Desistimos de dietas, de programas de exercício, de escrever livros de autoajuda, de relacionamentos... Em todas essas situações, necessitamos mesmo é de mais força de vontade. O Risco funciona tão bem aqui quanto para motivar você a usar as ferramentas. Então considere esta uma terceira deixa. Sempre que você perder a força de vontade para avançar em áreas importantes da sua vida, o Risco será seu amigo.

A força de vontade é o elo perdido para a realização do potencial humano. Por ser tão crucial, você descobrirá muitas outras situações em que precisará dela. Experimente o Risco naqueles momentos cotidianos em que você tende a perder vontade: levantar-se da cama de manhã, concentrar-se diante de distrações ou resistir a um mau hábito. A ferramenta também funciona muito bem em ocasiões intensas, quando você toma grandes decisões para mudar de vida. Você pode querer começar um livro, um novo negócio ou se mudar de cidade. Você fantasia o tempo todo sobre a mudança pretendida, mas não dá nem sequer o primeiro passo. Vamos falar com mais detalhes desse e de outros usos para o Risco no final deste capítulo.

O Risco é mais que uma ferramenta. É um modelo para viver com plenitude. Paradoxalmente, essa noção de vida é alcançada por meio do seu relacionamento com seu eu no leito de morte. Por conhecer a sensação de não ter mais tempo, essa sua versão possui a sabedoria de que você necessita a cada instante. Convide esse eu mais sábio a entrar em sua consciência, sinta-o olhando para você a todo momento e receba de braços abertos a pressão que ele lhe impõe. Você viverá a vida com o vento soprando a seu favor.

O BENEFÍCIO SECRETO DA FORÇA DE VONTADE

Vinny sentiu a primeira brisa assim que começou a usar o Risco.

Ele irrompeu numa sessão e me disse que havia voltado a trabalhar. Era num clube minúsculo em Pasadena, mas eu nunca o tinha visto tão entusiasmado.

– Tem alguma coisa diferente – disse ele. – Não estou nem aí que não apareça nenhum figurão, não me importo nem com a reação da plateia. Antes eu teria feito só o suficiente para que fosse uma apresentação aceitável e depois teria relaxado. Agora minha meta é melhorar o show cada vez mais.

Ao ouvir aquilo eu soube na mesma hora que algo importante havia acontecido. Era ótimo que ele estivesse trabalhando novamente, mas a mudança era muito mais profunda que isso. Vinny dera seu primeiro passo gigantesco para longe da vida superficial do "consumidor" e em direção a um jeito totalmente novo de ser. Ele havia se tornado um "criador".

O consumidor espera uma recompensa pelo mínimo esforço – ou melhor, por esforço nenhum. Só se importa com o que consegue do mundo, não com o que pode acrescentar a ele. Vivendo na superfície, pulando de uma coisa para outra, sua energia é difusa, como leite derramado na mesa. Ele não causa nenhum impacto no mundo; quando sua estadia na Terra termina, é como se ele nunca tivesse existido.

O criador não aceita esse destino. Tudo o que faz é com a intenção de deixar sua marca. Seu código de conduta garante que isso aconteça:

Ele não aceita o mundo como o encontra; oferece ao mundo coisas que ainda não estão lá.

Ele não segue o rebanho; determina seu próprio curso. Ele ignora as reações dos outros.

Ele resiste às distrações superficiais. Permanece focado em suas metas mesmo que precise sacrificar sua gratificação imediata.

Qualquer um pode viver de acordo com esse código, mas poucos conseguem. Viver assim significa colocar a própria vida a serviço das forças superiores. Essas forças não podem ser encontradas na superfície da vida, apenas em suas profundezas. A energia do criador precisa ter o foco de uma broca perfurando uma pedra. Por mais difícil que seja, um criador é recompensado enormemente por seus esforços.

Não é preciso ser um artista para ser um criador. Você pode

acrescentar algo ao mundo em qualquer atividade humana, mesmo na mais rotineira. Seu trabalho, seu papel como mãe ou pai, seus relacionamentos, sua contribuição para a comunidade – tudo se torna mais significativo quando você deixa sua marca pessoal ao se valer das forças superiores.

Para Vinny, essa sensação de que sua vida de fato significava algo foi um presente inesperado. Pela primeira vez, ele tinha um senso de propósito e a confiança que resulta disso. Mas ele ainda duvidava de sua habilidade de viver como um criador pelo resto da vida. Eu disse a ele que todo mundo tinha a mesma dúvida a respeito de si mesmo. Isso não pareceu tranquilizá-lo.

– Por que eles tornam tudo tão difícil? – perguntou.

Eles? Fiquei chocado com a pergunta. Vinny nunca havia pedido explicações espirituais para nada. De todo modo, encarei aquilo como um progresso; ele estava buscando respostas no lugar certo, embora nunca tivesse procurado lá antes. Para ajudá-lo a entender, contei a seguinte história, que eu tinha ouvido de um rabino que estudava a Cabala. Não posso garantir sua autenticidade, mas o importante é a mensagem que a história transmite.

Um velho rabino estava ensinando seu aluno sobre a criação da raça humana. Deus havia trabalhado com esmero para criar o homem à Sua semelhança. Quando terminou, olhou para Sua criação, mas ficou insatisfeito. Ele queria criar um ser com o qual pudesse se identificar, um semelhante, porém faltava ao homem um atributo-chave que Deus possuía: a capacidade de criar. Então Deus fez a terra e colocou o homem em seu ambiente desafiador. O homem foi forçado a criar – a construir abrigos, cultivar alimentos, inventar a roda. Agora o homem tinha todos os atributos de Deus. O aluno ficou confuso: "Por que Deus se deu a todo esse trabalho? Por que não simplesmente dar ao homem poderes criativos?" O velho rabino respondeu: "Essa é a única coisa que não pode ser concedida."

O poder criativo não pode ser concedido porque o ato da criação é uma expressão de seu eu, uma revelação de quem você é por dentro. Ninguém, nem mesmo Deus, pode lhe dar isso – *precisa vir de você*. Seus poderes criativos devem ser desenvolvidos por meio de seu próprio esforço.

– Parece uma desculpa esfarrapada de Deus para não tomar conta de nós. – Vinny estava desconfiado.

Quando os consumidores dizem "tomar conta de nós", o que querem dizer na verdade é "nos exonerar do esforço". Contudo, como a história explica, a verdadeira "função" de Deus é fazer com que continuemos *nos esforçando*. Essa visão de Deus não desce bem quando se tem como meta uma vida fácil; descobri que não é aceita nem mesmo pelos ateus (se Deus existir de fato, então que Ele pelo menos sirva a suas falsas esperanças).

Nas palavras de Vinny:

– Você está de sacanagem comigo? Está me dizendo que a função de Deus é nos meter em situações difíceis e deixar que a gente se vire para se salvar? Se algum dia eu voltar a pisar numa igreja, não vou colocar dinheiro na caixinha: vou *tirar*.

Vinny estava certo; precisamos mesmo nos virar sozinhos. Mas a recompensa é muito mais valiosa que o dinheiro: é a chance de viver como um criador, a experiência mais profunda e significativa que podemos ter. Se nos exonerasse, Deus estaria nos privando dessa oportunidade. Os seres humanos só se sentem felizes quando estão buscando realizar seu potencial pleno. Paracelso, um médico e místico da Renascença, descreveu-o da seguinte forma: "A felicidade não consiste na preguiça. [...] Cada homem deve usar no trabalho e no suor as dádivas que recebeu de Deus na terra."

Em termos modernos, a história do rabino tratava da necessidade de Deus de tornar o homem um criador. Somente assim Deus teria um semelhante. É por isso que "eles tornam tudo tão difícil".

Nossa existência precisa ser intrincada; caso contrário, nunca daríamos um jeito de alcançar o potencial que Deus deseja para nós.

A experiência mais imediata que podemos ter como criadores é quando usamos o Risco. Essa ferramenta nos permite literalmente criar força de vontade do nada. O modelo espiritual para criar algo do nada está descrito no Gênesis – a escuridão reinava até que Deus disse: "Faça-se a luz." Na nossa vida, a escuridão reina quando estamos desmoralizados e não conseguimos agir. Quando usamos o Risco para criar a faísca da força de vontade, trazemos luz para nosso universo pessoal, do mesmo modo que Deus a trouxe ao cosmos.

Isso transforma completamente o significado do fracasso, da desmoralização e da paralisia. Tudo isso passa a constituir uma oportunidade de exercermos uma criatividade divina. Se você conseguir fazer isso, estará se distinguindo como um criador – independentemente de realizações exteriores. Isso torna você uma pessoa destemida. O futuro pode lhe trazer escuridão, mas não pode lhe tirar a capacidade de criar luz.

Existe ainda outro benefício – o melhor de todos. Conforme foi aprofundando seu compromisso de viver como um criador, Vinny passou a usar o Risco quando se sentia ótimo e também quando queria apenas desistir. Em alguns meses, percebeu que estava sentindo algo completamente novo.

Estava feliz.

A mudança foi impressionante do meu ponto de vista. Quando olhava em seus olhos, não via mais um adolescente rebelde e cínico me encarando. Em seu lugar estava um adulto com o coração aberto para o mundo. E seu pior medo não havia se concretizado: ele continuava hilário. Mas agora, em vez de usar o humor como uma arma contra a humanidade, ele o dava como um presente para fazer os outros felizes – o que por sua vez o fazia feliz também.

Outro choque foi a maneira como as pessoas estavam reagindo a ele. Vinny descobriu que, quanto mais feliz estava, mais atraía as pessoas. A atmosfera no clube havia se tornado vibrante sempre que ele se apresentava. Era uma experiência extasiante para ele.

– As pessoas costumavam rir porque sabiam que eu as odiava. Eu desisti daquilo e tentei amá-las, e aí elas riram ainda mais alto. E sabe de uma coisa? Estou gostando muito mais assim.

Ele reconhecia abertamente que o Risco era o responsável por sua transformação.

– Doutor, eu nunca teria adivinhado o segredo da felicidade: simplesmente pensar na morte o dia inteiro. – Vinny havia condensado os últimos 10 mil anos de sabedoria espiritual em uma piada. Ele havia de fato se tornado um criador.

No momento em que você almeja se tornar um criador, tudo muda, até a maneira como você lê este livro. Já explicamos como um consumidor o lê: rápida e superficialmente, procurando fontes de poder mágicas que ele possa conseguir sem esforço.

Um consumidor certamente obterá novos insights e algumas ferramentas bacanas com o livro, porém nós o escrevemos com um propósito muito mais ambicioso em mente. Queremos mudar sua vida – realmente mudá-la, não apenas falar a respeito de mudanças. Estamos convencidos de que isso é possível, mas você precisa ler o livro da maneira que um criador o leria.

Na condição de criador, você não estaria buscando uma emoção temporária nem a vantagem de ser o primeiro a experimentar novas técnicas na sua roda de amigos. Você leria o livro de maneira lenta e reflexiva, porque precisa da ajuda das forças superiores. Nem sequer cogitaria parar de usar as ferramentas, pois há coisas que deseja fazer com os poderes que as ferramentas lhe dão. Você quer causar um impacto real no mundo, acrescentar algo novo a ele.

Para um criador, o que escrevemos aqui se tornará mais que

um livro. É um guia que você consultará diversas vezes, como um engenheiro usa a planta de um projeto. A diferença é que você não está construindo uma casa nova; está construindo uma nova vida.

Para nós, todo leitor é um criador em potencial. Essa possibilidade é o que nos estimula como autores. Não ficaremos satisfeitos se você ler o livro todo; não ficaremos satisfeitos se você usar algumas ferramentas de vez em quando; não ficaremos satisfeitos nem se você achar o livro inspirador e falar dele para todos os seus amigos. Só teremos alcançado nosso propósito se você passar a usar as ferramentas para sempre. Assim você se tornará um criador. Essa é a nossa meta – e deveria ser a sua também.

PERGUNTAS FREQUENTES

1. Sou membro dos Alcoólicos Anônimos há quinze anos. O A.A. ensina que a "vontade própria desenfreada" está no cerne de nosso problema. Contudo, vocês parecem insinuar que a força de vontade é a chave para a solução. Quem está certo?

Essa é uma questão de terminologia. Quando o A.A. fala em "vontade própria", está se referindo à ilusão de que o universo se subjugará à nossa expectativa.

Quando usamos neste livro a expressão "força de vontade", isso não tem nada a ver com controlar o universo. É justamente pelo fato de não termos nenhum controle que a força de vontade se torna tão vital. O elemento mais óbvio sobre o qual não temos controle é o tempo – ele está sempre escapando. O Risco usa isso para criar uma sensação de urgência. Toda vez que você usa a ferramenta, está se rendendo ao tempo. A maneira mais direta de vivenciar isso é a partir de seu leito de morte imaginário. A morte – determinada por um poder superior a qualquer indivíduo – é a perda de controle por excelência. A força de vontade criada pelo Risco está, portanto, em completa harmonia com essa força superior e não poderia existir sem ela.

2. O que faço se não conseguir me forçar a usar a ferramenta do Risco?

Não importa quão desmoralizado ou preguiçoso você esteja se sentindo: se está vivo e consciente, tem energia suficiente para fazer um esforço mínimo a seu favor. Até o mais minúsculo dos esforços conta. Por exemplo, talvez tudo o que você consiga fazer seja se visualizar em seu leito de morte. Isso exige menos esforço do que ler esta resposta. Talvez numa próxima vez você consiga visualizar a si mesmo no leito de morte sentindo alguma emoção. Você pode ir brincando com isso, como se fosse uma criança. Antes que se dê conta, você se surpreenderá com sua capacidade de usar a ferramenta. O único erro real que você pode cometer é não fazer nada.

3. Acredito na visualização positiva. Parece que a ferramenta do Risco utiliza o medo para nos motivar. Isso não é o oposto de uma atitude espiritual?

Você está absolutamente certo em dizer que o Risco se baseia no medo. Mas isso não faz com que seja antiespiritual. A ferramenta força você a se conscientizar de que seu tempo é limitado e de que sua morte será uma realidade em algum momento. É exatamente essa experiência que desperta a necessidade profunda de uma conexão espiritual. No entanto, como já deveria ter ficado claro a esta altura, a conexão requer esforço. É aí que entra o medo. O medo está diretamente ligado à parte primitiva de seu cérebro que protege sua sobrevivência. Essa parte de você nunca desiste e, portanto, cria uma força de vontade persistente. Por outro lado, se você se basear na promessa de uma filosofia "água com açúcar" para se motivar, quando inevitavelmente essa promessa não se cumprir, sua força de vontade desaparecerá.

4. Usei uma das ferramentas, mas mudei um elemento nela e pareceu funcionar melhor para mim. Tem problema?

Como explicamos no Capítulo 1, quando desenvolveu as ferramentas, Phil as submeteu a vários testes para descobrir a versão mais eficaz de cada uma delas. É por isso que recomendamos que, ao aprendê-las, você siga as instruções à risca. Isso garante que você crie pelo menos alguma conexão com as forças superiores. Se com o tempo você perceber que está fazendo algumas mudanças, então é porque elas estão sendo orientadas pelas próprias forças superiores.

No fim das contas, o mais importante é que você continue usando as ferramentas. Se for mais fácil usá-las na sua própria versão, então vá em frente. Independentemente da versão que estiver usando, preste atenção às deixas que descrevemos. Elas foram identificadas com base em anos de experiência. Leve-as a sério e, é claro, fique à vontade para acrescentar suas próprias deixas.

A maneira como você usa as ferramentas deve ser um passo para se tornar um criador. Um criador valoriza seus instintos e experiências acima de qualquer conjunto de instruções arbitrárias – até mesmo estas que estamos lhe dando. Isso não significa que você não possa seguir as ferramentas conforme as descrevemos; na verdade, para muitas pessoas é o que funciona melhor. O mais importante é que você encontre um jeito de inseri-las em sua vida de maneira significativa.

OUTROS USOS PARA O RISCO

Neste capítulo nos concentramos no uso do Risco para cumprir a missão do livro: fazer com que você use as primeiras quatro ferramentas. Isso requer força de vontade, que será proporcionada pelo Risco. No entanto, a força de vontade é tão crucial que você verá que o Risco é indispensável em muitas outras circunstâncias. Aqui estão três das mais comuns.

O Risco lhe proporciona a força de vontade para controlar comportamentos viciantes e impulsivos. Temos muito menos controle sobre nós mesmos do que imaginamos. Seja em relação à comida, ao consumo ou à maneira com que reagimos aos outros, não conseguimos resistir à tentação da gratificação imediata. Decidimos repetidas vezes mudar nosso comportamento, mas os impulsos sempre vencem no final. O que precisamos não é de mais resoluções, e sim de um jeito de derrotar nossos impulsos assim que surgem. Isso requer força de vontade.

Ann era a imagem perfeita da esposa e mãe feliz. Quando ia às compras, porém, ela se tornava uma pessoa diferente. Entrava na internet com a intenção de checar e-mails e inserir compromissos na agenda, mas em determinado momento começava a "sentir a tentação". Uma força magnética a arrastava para sua longa lista de sites de compras. Dizia a si mesma que só daria uma espiada por cinco minutos e depois voltaria a trabalhar, mas estava se enganando. Hipnotizada pelo consumo on-line, perdia completamente a noção do tempo e nunca parecia escapar sem pelo menos uma compra desnecessária. Quando acabava, sentia-se tomada de culpa e exaustão, como se tivesse tido um caso extraconjugal.

Além do desperdício de dinheiro, a culpa a deixava irritada. Sabendo que o marido ficaria zangado, ela o atacava primeiro. Uma atmosfera de derrota e hostilidade desconfiada se abatia sobre a família inteira. Quando todos se acalmavam, ela bolava um novo plano para se controlar: só faria compras no fim de semana, ou só compraria itens em promoção, ou estabeleceria um limite de gasto mensal. Nem é preciso dizer que esses planos sempre fracassavam.

Eu disse a ela que o que lhe faltava era força de vontade.

– Onde é que eu posso comprar isso? – perguntou ela, brincando.

Expliquei que a força de vontade não estava à venda, mas, se ela estivesse disposta a se esforçar um pouco, poderia desenvolvê-la por conta própria. Ela treinou o uso do Risco toda vez que se aproximava do computador. No começo isso não a impediu de entrar na internet nem de fazer compras, mas a empolgação havia desaparecido.

– Quando vejo aquela minha versão no leito de morte tentando me salvar da minha própria estupidez, simplesmente não consigo me descontrolar como fazia antes.

Pela primeira vez na vida, Ann conseguiu comprar sem compulsão.

O Risco lhe dá força para se concentrar em situações em que você normalmente ficaria distraído ou "desligado do mundo". *Nós nos tornamos uma sociedade de multitarefados hiperativos, com a capacidade de concentração de uma pulga. Precisamos de uma força poderosa o suficiente para manter nossa concentração numa só atividade até que a tenhamos terminado. Isso requer força de vontade.*

Alex era um agente de Hollywood sociável e muito agitado que começara a perder clientes. Ele estava confuso com isso, pois conseguia boas oportunidades para eles. Eu o incentivei a perguntar a um desses clientes por que o tinha abandonado. A resposta o deixou chocado. O cliente disse que não se sentia importante para Alex. Quando Alex mencionou o trabalho lucrativo que havia conseguido para o cliente, este respondeu:

– Não se trata de dinheiro. Com você eu me sinto um cidadão de segunda classe. Você está sempre fazendo três coisas ao mesmo tempo enquanto fala comigo ao telefone; mal se concentra no que eu digo.

Alex sempre teve dificuldades de concentração. Havia usado sua astúcia para concluir os estudos e começar uma excelente carreira. Mas no fundo sentia que toda a sua vida tinha sido uma grande farsa. Ele entrava em todas as reuniões sem estar preparado, raramente lendo o roteiro que tentava vender. Seu casamento também parecia uma enganação. Não se sentia próximo da esposa; nas raras ocasiões em que saíam para jantar, ele estava sempre ao telefone ou falando com as pessoas na mesa ao lado. Alex não conseguia se concentrar nem mesmo em suas distrações; precisava de um segundo celular para interromper as ligações do primeiro.

Ele era o clássico candidato para o Risco. Se não conseguisse aprender a se concentrar, poderia perder tudo o que tinha conseguido com tanto esforço. A deixa que identifiquei para ele era simples: toda vez que sentisse a tentação de se distrair, ele deveria usar o Risco para criar força de vontade e trazer seu foco de volta para onde deveria estar. Eu sabia que ele teria várias oportunidades de usar a ferramenta. Alex ficou impressionado com quão fraca era sua capacidade de concentração.

– Eu me distraio a todo segundo. Poderia usar minha própria respiração como uma deixa.

Por mais difícil que fosse, ele se manteve firme. Para ele, era um marco conseguir se concentrar num roteiro por vinte minutos. Com a melhora de sua concentração, veio um bônus completamente inesperado:

– Passei a minha vida inteira me mexendo sem parar para não ser descoberto. Agora entro nas reuniões tendo feito meu dever de casa. Pela primeira vez na vida estou me sentindo como um adulto.

O Risco lhe permite começar novos empreendimentos. Uma das coisas mais difíceis de fazer na vida é começar algo novo: mu-

dar-se para uma nova cidade, desenvolver um relacionamento com alguém que entrou à força em sua vida (enteados, sogros, etc.), começar um novo negócio. Cada um desses passos – e qualquer outro semelhante – desperta o mais básico dos medos humanos: o medo do desconhecido. Gravitamos em direção àquilo que nos é familiar, mesmo que não seja bom para nós, pois nos falta força de vontade para superar esse receio. O Risco cria uma força de vontade mais poderosa que nosso medo.

Harriet era casada com um homem muito mais velho, que tinha filhos crescidos de um casamento anterior. Ele era o líder de uma empresa muito bem-sucedida que erguera com as próprias mãos, e reinava sobre seus empregados com autoridade absoluta. Infelizmente, ele não conhecia nenhuma outra maneira de se relacionar com as pessoas. Provia Harriet de suas necessidades materiais, mas controlava todos os aspectos de sua vida. Ela havia aguentado isso durante anos, negando o quanto aquilo a incomodava.

Havia, contudo, um desejo que Harriet não podia negar: queria ter um filho. Ela implorava e argumentava, mas em vão. O marido nem se dignava a discutir o assunto com ela. Esse foi o ponto de ruptura. No fundo ela sabia que não era mais possível manter o casamento. Só que anos vivendo num casulo a haviam deixado completamente impotente. Não era só a ideia de ficar sozinha que a aterrorizava; ela não tinha noção de como dar o passo inicial do divórcio. Ela precisava entrar num mundo de advogados, contadores, agentes imobiliários...

– Meu marido sempre lidou com esses profissionais, mas para mim era como se tudo estivesse acontecendo em outro planeta.

Eu disse a ela que nada daquilo estava além de sua capacidade. Seu terror se devia ao fato de que o mundo em que estava entrando representava o desconhecido. Para Harriet (ou para qualquer outra pessoa) isso é como dar um passo em direção a um abismo. Ela precisava de uma força que lhe permitisse agir diante do medo avassalador. O Risco era a ferramenta perfeita. No momento em que viu sua versão no leito de morte reagindo ao fato de não ter filhos, Harriet sentiu uma urgência poderosa que nunca havia sentido. Ela não só conseguiu terminar o casamento, como continuou usando o Risco para construir uma vida nova para si.

RESUMO DO RISCO

Para que serve a ferramenta
A esta altura, você já deve saber usar cada ferramenta básica descrita nos Capítulos 2 a 5. Só que, por mais eficazes que elas sejam, você vai acabar querendo desistir de usá-las. Isso não apenas interromperá seu progresso, como também destruirá tudo o que você tiver alcançado até então. Esse é o obstáculo fundamental enfrentado por todos os leitores.

Contra o que você está lutando
Contra a ilusão de que pode obter "algo mágico" para se exonerar de usar as ferramentas. Isso é reforçado dia e noite pela cultura do consumismo que nos rodeia. Essa ilusão sempre acaba da mesma forma: você desiste. Tendo alcançado o sucesso, você acha que as ferramentas não são mais necessárias; tendo fracassado, você se sente desmoralizado demais para usá-las.

Deixas para usar a ferramenta
1. Em qualquer situação em que você saiba que precisa de uma ferramenta, mas, por algum motivo, não consiga se forçar a usá-la.
2. Quando sentir que não precisa mais usar as ferramentas.

A ferramenta em poucos passos
Visualize a si mesmo em seu leito de morte. Não tendo mais nenhum tempo pela frente, essa sua versão mais velha grita com você e lhe pede que não desperdice o momento presente. Você sente um medo profundo de estar jogando sua vida fora. Isso cria um desejo urgente de usar a ferramenta básica necessária naquele momento.

A força superior que você está usando
Não dá para combater a tendência de desistir simplesmente refletindo sobre isso. É necessária uma força superior, que chamamos de Força de Vontade. Essa é a única força superior que você precisa criar por conta própria; o universo só é capaz de fornecer um contexto para sua criação.

CAPÍTULO 7

Fé nas forças superiores

Você terá um ganho incrível e inesperado quando se tornar um criador: começará a ter fé nas forças superiores, sabendo que estarão lá quando você precisar delas.

Quando conheci Phil, eu não acreditava que as forças superiores fossem reais, muito menos que eu pudesse contar com o apoio delas. Ao aprender a usar as ferramentas, pude ver que elas funcionavam, e meus pacientes eram provas vivas disso. O problema era *como* funcionavam – eu não acreditava em Phil quando ele afirmava que as ferramentas evocavam forças superiores; não acreditava nem nos meus pacientes por atribuírem a experiência a "algo maior" que eles próprios. Deduzi que aquilo era apenas um modo de expressarem quão melhor se sentiam.

Como expliquei no Capítulo 1, o ceticismo era natural para mim – fui criado com ele. Meus pais eram ateus, acreditavam na ciência, não em Deus, e teriam ridicularizado qualquer coisa que não pudesse ser explicada logicamente, como "forças superiores". Para eles, o universo (e tudo o que acontecia nele) não passava de um acidente aleatório. A palavra *fé* era praticamente um palavrão na minha família. Absorvi avidamente o sistema de crenças dos meus pais (o racionalismo), adotando-o como meu. De vez em quando pagava um preço por isso na minha vida social. Quando tinha 9 anos, fui dormir na casa de um amigo cuja família era religiosa. Quando a mãe dele estava nos pondo para dormir, percebeu que eu não estava rezando e me perguntou por quê. Eu ingenuamente vi aquilo como uma oportunidade de explicar por meio da lógica que Deus não existia. Nem é preciso dizer que aquela foi a última vez que dormi na casa deles.

Com o passar dos anos, minhas opiniões só se tornaram mais rígidas. Consequentemente, embora eu reconhecesse o valor das ferramentas e as utilizasse de maneira eficaz, eu sabia que me faltava algo. Elas melhoraram minha vida, e eu era grato por isso, mas alguns pacientes demonstravam uma experiência que eu era incapaz de ter. Quando as usavam na minha frente, era óbvio que estavam se conectando com algo muito maior que eles próprios. Irradiavam alegria, satisfação e confiança num grau que eu nunca havia sentido. Para mim, o universo ainda parecia indiferente; para eles, havia se tornado uma fonte de ajuda sempre presente. Parecia que eles haviam rompido a barreira do som enquanto eu estava mancando com grande esforço no chão abaixo deles.

Isso despertou em mim alguns sentimentos estranhos. Se as ferramentas fossem um curso, meus pacientes estariam tirando notas muito mais altas que eu. Essa foi uma das únicas vezes na minha vida em que eu não fui um dos primeiros da classe. Para ser sincero, não parecia justo. Eles não estavam se esforçando mais do que eu; apenas não precisavam lutar contra um ceticismo interior que atacava incessantemente a ideia de forças superiores. Ainda assim, para minha surpresa, eu sentia que continuava incentivando seu progresso. Secretamente, eu esperava me sentir como eles.

Meu lado cético seguia outro caminho. Ele atacava o Amor Ativo, a ferramenta que poderia me ajudar no meu ponto mais fraco: o ressentimento. Não importava o que acontecesse na minha vida, eu estava sempre indignado a respeito de alguma coisa. Ficava ressentido com meus filhos quando me acordavam à noite, com minha esposa por querer minha companhia em eventos sociais, com meus pacientes quando me ligavam fora do horário comercial... Assim que um ressentimento se esvaía, outro tomava seu lugar. Passei a me referir a isso como "ressentimento em busca de uma causa".

O ceticismo não me impedia de usar o Amor Ativo, e, quando eu recorria à ferramenta, aquilo me ajudava, principalmente por me dar uma ocupação toda vez que me sentia ressentido. Mas eu nunca sentia de fato um amor poderoso fluindo através de mim. Eu sabia que estava lá em algum lugar – pude senti-lo quando minha esposa deu à luz meus dois filhos. Contudo, por mais profundos que fossem, esses sentimentos não eram a mesma coisa que ser capaz de invocar um amor mais universal que eu pudesse direcionar a qualquer pessoa. Para fazer isso, eu precisava acreditar que estava cercado por um amor puro, cósmico. Só que meu lado cético já tinha me convencido havia muito tempo de que aquela era uma fantasia romântica: eu estava vivendo num universo mecânico e o amor era apenas um produto da química cerebral. O ceticismo havia efetivamente esvaziado a força vital da ferramenta.

Contra-ataquei da única maneira que sabia – com pura persistência e obstinação. Pratiquei a ferramenta repetidamente. Até programei meu relógio para despertar de hora em hora como uma deixa para usar a ferramenta. Fiz isso durante meses.

Justo quando eu estava prestes a perder as esperanças, fui recompensado por meus esforços de um jeito que nunca havia imaginado.

Era 17 de janeiro de 1993, primeiro aniversário do meu filho. Ainda de madrugada, muito antes da hora de presentear o aniversariante, eu mesmo recebi um presente – foi um sonho do qual nunca me esquecerei. Era de manhã cedo e eu estava sozinho no meu consultório. De repente, todo o prédio começou a tremer com violência. Era um terremoto gigantesco e eu soube em segundos que iria morrer. Com uma calma fora do normal, pensei comigo: "Devo usar o Amor Ativo uma última vez, assim posso morrer com amor no coração." Mas dessa vez, quando usei a ferramenta, fui inundado de um amor maior do que qualquer outro que já havia sentido. Senti a tremenda força daquele amor me expandindo de dentro, como se o sol estivesse raiando de dentro do meu coração. Então o sonho acabou.

Aquilo ficou na minha cabeça por semanas, ressoando em todos os aspectos da minha vida. Eu me sentia mais vivo – o amor abundante que sentira no sonho continuava a fluir através de mim em direção a todos à minha volta, desde o frentista do posto de gasolina até minha esposa e meus filhos. Meus pacientes o sentiram, comentando que eu parecia ainda mais animado do que o normal com o crescimento deles, e isso os inspirava a se esforçar ainda mais.

Também comecei a enxergar o mundo de um jeito diferente. Tudo à minha volta parecia transbordar vida. Passei a entender mais a fundo a dinâmica dos meus pacientes, e conseguia fazer conexões para eles que nunca havia conseguido. Comecei até a me perguntar se alguns acontecimentos na minha vida haviam sido planejados com antecedência por uma inteligência superior. Será que eu tinha sido levado a largar o direito não apenas porque o odiava, mas porque precisava me abrir para uma visão de mundo completamente nova? Não parecia mais mera coincidência o fato de ter conhecido Phil bem quando eu estava desiludido com a abordagem tradicional da psicoterapia.

Eu havia estudado Jung profundamente e sabia que ele não acreditava em coincidências. Eu reconhecia o mistério e a beleza desse ponto de vista, mas ele tinha tanto impacto na minha vida real quanto uma obra-prima pendurada num museu. O sonho havia mudado isso. Agora eu podia sentir de alguma forma uma conexão oculta entre todos os acontecimentos da minha vida. Essa impressão era tão forte que até me levou além de Jung. Era como se o universo estivesse me guiando rumo à minha própria evolução.

Meus pais teriam ridicularizado essas especulações tão extravagantes, e o mero fato de cogitá-las era profundamente perturbador para mim. Todo esse amor que fluía através do meu ser facilitava o uso das ferramentas (era como uma versão turbinada do Amor Ativo), mas eu também sentia que não reconhecia mais a mim mesmo. Por que eu estava sentindo tudo aquilo de repente? Esperava que Phil tivesse uma resposta.

– Estou em algum tipo de estado alterado? – perguntei a ele. – Parece um pouco uma insanidade temporária.

– De maneira nenhuma – respondeu ele com firmeza. – Você está mais lúcido do que nunca.

– Como é que você pode chamar de lucidez essas minhas ideias malucas?

– Talvez as ideias não sejam malucas – sugeriu ele com um lampejo de irritação. – Talvez loucura seja voltar à maneira como você estava vivendo antes do sonho.

Ele tinha razão. Eu realmente me sentia vivo agora. Minha vida anterior parecia sem graça comparada àquilo.

– Não quero voltar a ser como antes – respondi lentamente –, mas você está me pedindo para mudar todas as minhas crenças por causa de um sonho.

Phil pareceu decepcionado por um instante. Então toda a tensão desapareceu de seu corpo, e a impressão que tive foi de que ele isolou tudo à volta, menos a mim. Seus olhos irradiavam compreensão. Só mais tarde me dei conta de que ele estava usando o Amor Ativo.

– Não quero convencer você de nada – disse ele. – A vida vai se encarregar disso à sua maneira.

Saí daquela conversa sentindo que estava diante de um mistério que eu não compreendia. Mas, antes que eu pudesse decifrá-lo, todos os novos sentimentos se esvaíram. Quando dei por mim, estava de volta à minha velha labuta mecânica. Nas poucas vezes em que pensava naquela experiência, sentia vergonha. Minha mente racional, de volta ao controle, descartou toda a experiência como uma mera crise de meia-idade – só faltava o carro esportivo. No fundo, porém, eu sentia falta da sensação de vitalidade que aquele mistério havia me trazido; com o tempo, aquilo passou. Esqueci até o sonho que havia desencadeado tudo.

Foi então que o inimaginável aconteceu.

Em 17 de janeiro de 1994, exatamente um ano após o sonho, Los Angeles sofreu o mais destrutivo terremoto da história dos Estados Unidos logo antes do amanhecer. O prédio onde ficava meu escritório desabou. Tudo o que estava lá dentro foi reduzido a pó.

A GRANDE QUEDA

O terremoto destruiu meu consultório, mas esse foi o menor dos danos. Ele destruiu também meu sistema de crenças. Parafraseando Hamlet, de repente parecia haver mais coisas entre o céu e a terra do que sonhava minha vã filosofia. Eis os fatos: dois acontecimentos me abriram o coração, o primeiro em 17 de janeiro de 1992 (o dia em que meu filho nasceu) e o segundo em 17 de janeiro de 1993 (quando tive o sonho do terremoto).

Agora, em 17 de janeiro de 1994, um terremoto de verdade havia destruído Los Angeles. Minha formação racional teria me levado à presunçosa conclusão de que esses eventos eram puras coincidências. Só que agora as coisas haviam mudado: o racionalismo parecia uma substância tóxica que meu corpo estava rejeitando.

Enquanto isso, a vida continuava. Consegui arranjar um consultório temporário e estava me esforçando para trazer um senso de normalidade de volta à minha atividade profissional. Mas não conseguia me livrar da ideia de que os últimos anos da minha vida tinham sido guiados por algum tipo de inteligência cósmica. Ela havia me levado a abandonar o direito e me tornar psicoterapeuta, e depois tinha providenciado meu encontro com Phil. Em seguida, ela entrou na minha vida de maneira mais direta, coreografando o nascimento do meu filho exatamente um ano antes daquele sonho de influência decisiva. Esses dois eventos, contudo, foram sutis comparados ao que havia acontecido agora. Era como se essa inteligência superior, determinada a destruir de vez meu racionalismo, houvesse previsto um enorme desastre e o usado como arma final.

Funcionou. Nunca mais consegui confiar no racionalismo. Mas também estava claro que as alternativas eram ainda piores. De um lado, havia a religião organizada, que sempre me havia parecido dogmática e autoritária. Como judeu, eu sempre me perguntei por que deveria aceitar o mandamento de nunca misturar carne e leite (assim como questionava costumes igualmente inexplicáveis de outras religiões). A resposta sempre parecia se resumir a "Você deve acreditar nessas coisas porque estamos mandando" (ou porque "está escrito"). Era como se eu não devesse pensar por mim mesmo.

Do outro lado, havia o misticismo da Nova Era, que, no sul da Califórnia, era tão comum quanto esbarrar em estrelas de cinema. Essa opção certamente permitia o livre pensamento e oferecia inúmeras experiências (reais ou não). No entanto, era também tão inexoravelmente ensolarada e sem substância quanto Los Angeles, a cidade que a gerou. Visualize o que você quer estar fazendo em cinco anos e *voilà*: seu desejo será realizado! Todos os problemas podiam ser resolvidos com palavras felizes. Mas e se houvesse problemas dolorosos, terríveis até, que não pudessem ser resolvidos? A filosofia esotérica não oferecia nenhuma resposta, exceto culpar o sofredor. "Seus pensamentos negativos lhe causaram câncer", foi o que uma paciente minha ouviu de uma de suas amigas adeptas da Nova Era. Devia estar faltando algo numa filosofia que não encontrava sentido nem propósito na adversidade; e, se essa filosofia não conseguia lidar com a adversidade do dia a dia, como poderia lidar com a verdadeira maldade, como os massacres e campos de concentração que haviam matado tantos parentes meus?

Eu estava num beco sem saída. Amava minha nova vida como psicoterapeuta – a capacidade de ter um impacto positivo na vida das pessoas era a coisa mais gratificante que eu já havia feito. Mas não se tratava apenas da minha gratificação pessoal; tive a sensação de que se tratava da natureza da realidade. Meu racionalismo parecia um inseto esmagado, uma parte do meu passado que eu havia deixado sumir no reflexo do espelho retrovisor. O problema era que eu não conseguia avançar. Os dois caminhos que eu via à minha frente eram inaceitáveis.

Quando se está perdido e não parece haver meios de se encontrar, a reação humana universal é... o pavor. Durante semanas, parecia que meu coração estava prestes a saltar pela boca. Sem saber mais o que fazer, recorri a Phil. Só que dessa vez eu não era um aluno entusiasmado, mas um homem se afogando.

– Você sente que tudo em que sempre acreditou estava errado? – perguntou ele. Fiz que sim com a cabeça. – Parabéns!

– exclamou Phil calorosamente. – Você foi apresentado à espiritualidade do futuro.

Estranhamente, isso fez sentido para mim. O que ele quis dizer foi que novas ideias não podem entrar até que outras, velhas e rígidas, tenham sido destruídas. Isso confirmava minha intuição sobre o terremoto, de que era o clímax numa sequência de acontecimentos cuja finalidade era pôr de lado meu velho sistema de crenças.

Mas o que eu colocaria em seu lugar? Desconfiado e esperançoso ao mesmo tempo, exigi que Phil explicasse essa "nova espiritualidade". Aquilo era totalmente atípico para mim, mas não consegui me conter. Tinha a sensação de que aquela conversa mudaria minha vida. E estava certo.

Phil explicou que existe um "sistema espiritual" que conecta todos os seres humanos ao universo. Objeções lógicas se acenderam na minha cabeça como uma máquina de pinball, mas, antes que eu pudesse dizer qualquer coisa, Phil sacou uma ficha de arquivo e começou a desenhar uma figura estranha enquanto continuava falando. O que ele disse me distraiu das minhas dúvidas e fiquei de boca fechada.

Todos nós aprendemos sobre a evolução física, disse Phil. Nesse modelo, a evolução é impulsionada por mudanças genéticas aleatórias que nos dão uma chance melhor de sobrevivência. O universo não tem nenhuma meta particular para cada um de nós; na verdade, ele nem sequer sabe que existimos. Esse modelo é muito útil para explicar a evolução *física*. No entanto, existe outro tipo de evolução – a "evolução espiritual" – que tem a ver com o desenvolvimento do eu interior. O eu interior só pode evoluir quando escolhe obter acesso a forças superiores.

Comecei a protestar e fui interrompido por um estalo, como se alguém tivesse disparado uma pistola. Tomei um susto, mas era apenas o som de Phil batendo com a ficha na mesa como um jogador de pôquer que tirou quatro das cinco cartas necessárias para um *straight flush*.

– Está vendo isto? A evolução interior é impulsionada por este sistema – disse ele, referindo-se à figura no cartão. – Basta você entrar no sistema. Quando estiver lá dentro, você vai experimentar algo tão forte que todas as suas dúvidas vão desaparecer.

Isso não satisfez meu ceticismo. Nada faria com que meu lado cético desaparecesse. Phil, contudo, viu os argumentos se formando na minha cabeça e declarou abruptamente:

– Chega de debate. Estude o cartão e entre no sistema. Se depois disso você ainda precisar de uma explicação, a gente se fala mais tarde.

Era impossível argumentar com ele. Ele estava irredutível. Minha tarefa era simples: participar do sistema e vivenciar o que ele chamava de "forças superiores". Estava tudo no diagrama abaixo:

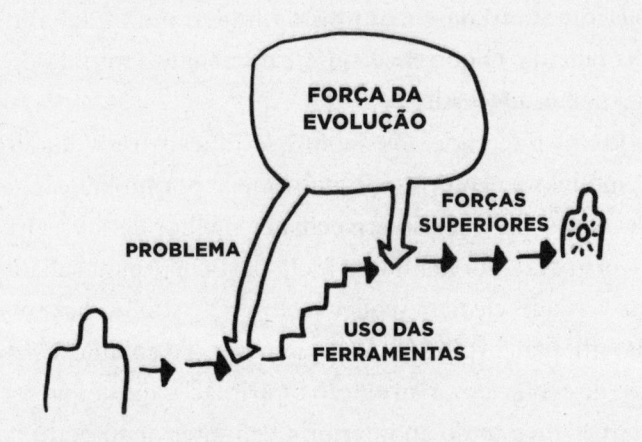

A figura à esquerda está enfrentando um problema; pode ser uma doença, a perda do emprego ou até a confusão interior pela qual eu estava passando. Como indica a primeira seta branca, o problema é enviado pela força que governa a evolução (que você pode chamar de Deus, Poder Superior, etc.). A pessoa então usa as ferramentas para resolver o problema, o que é ilustrado pelos degraus. Essa escada leva a um nível de existência expandido onde a pessoa tem acesso a forças superiores que lhe permitem fazer coisas que ela nunca havia feito. Isso revela a finalidade oculta de todo o sistema espiritual: permitir que nos tornemos criadores. Na figura, a condição de criador é representada pelo sol dentro da figura na extremidade direita.

O desenho revela um segredo incrível: tanto o problema quanto as forças superiores que o resolvem vêm da mesma fonte: a Força da Evolução. Esses dois elementos são partes de um único sistema, projetado para que você se transforme num criador. Só que existe um terceiro ingrediente, que não pode ser fornecido pelo universo. Trata-se do seu livre-arbítrio; especificamente, sua vontade de usar as ferramentas. A escolha – evoluir ou permanecer o mesmo – é sua. O universo respeita tanto a liberdade humana que se recusa a forçar você a evoluir contra sua vontade. (Na verdade, se reler a história do rabino no Capítulo 6, você verá que a única maneira pela qual o propósito de Deus pode ser alcançado é se você assumir o controle da própria evolução. Isso exige, contudo, uma forte determinação, e é por isso que fizemos tanto alvoroço no capítulo anterior.)

COMO APRENDI A AMAR OVOS

O discurso era ótimo, mas ainda assim era incapaz de silenciar as objeções que gritavam na minha cabeça. Tentei verbalizá-las, mas Phil se recusava a escutar por muito tempo. Ele queria que eu *trabalhasse dentro do sistema*, não que debatesse sua validade, então me mandou identificar um problema, escolher uma ferramenta e (em suas palavras) "calar a boca e usar a ferramenta" toda vez que me deparasse com aquele obstáculo.

Na época, o problema que identifiquei tinha a ver com meu melhor amigo, Steve. No fundo, eu sempre havia me sentido inseguro perto dele. Eu era inteligente, mas ele era brilhante. Ele era excelente em tudo – desde ginástica olímpica até história do Afeganistão. Quando tínhamos 14 anos, ele fascinou uma plateia de adultos no intervalo da peça *Ricardo III* com uma palestra improvisada sobre a Inglaterra tudoriana e a motivação de Shakespeare para transformar o rei protagonista num corcunda desprezível.

Embora eu tenha sido criado por pais que *acreditavam* na ciência, ele fora criado por pais que *eram* cientistas. Steve se tornou um físico teórico reconhecido internacionalmente. Rejeitava qualquer coisa que não pudesse ser explicada em termos de fenômenos físicos observáveis. Quando eu disse que podia sentir a alma de Jimi Hendrix através de sua guitarra, ele me corrigiu, explicando que todos os sons – incluindo a música – não passavam de "vibrações mecânicas transmitidas pelo ar".

Tínhamos um amor fraterno um pelo outro, mas quanto mais eu absorvia essas novas ideias espirituais, mais medo tinha de que, se tentasse verbalizá-las, ele as destruísse sem piedade. Então, quando ele telefonou e disse que queria me encontrar para um almoço a fim de saber mais sobre meu trabalho, tive uma reação completamente inadequada. De repente me vi num circuito interminável de discussões imaginárias com ele sobre ciência *versus* espiritualidade. Steve era um adversário brilhante e intimidador, que, na minha cabeça, sempre destruía meus argumentos. Perdi completamente de vista a verdadeira fraternidade entre nós; quanto mais obcecado eu ficava com isso, maior se tornava meu ressentimento contra Steve.

Eu sabia que minha reação era ridícula – eu me odiava por

ter transformado meu melhor amigo num rival ameaçador. Mas nada ajudava. Não importava quantos pacientes eu tivesse visto passar pela mesma situação, eu continuava perdido no Labirinto e não conseguia encontrar uma saída.

Expliquei meu pior medo a Phil:

– Vou me sentir um completo idiota.

– Steve pode ser brilhante, mas é apenas humano – respondeu ele, de maneira sensata.

Só que Phil não conhecia Steve.

– Você não entende. Ele invalidou a alma de Hendrix numa única frase. Imagine o que vai fazer com as forças superiores.

– Isso não importa – disse Phil, alegremente. – O importante é vivenciar o que está acontecendo como parte do sistema espiritual.

Para que não houvesse erro, ele me mostrou mais uma vez o diagrama. O "problema" era minha obsessão labiríntica com o almoço que estava por vir. A ferramenta seria o Amor Ativo, que eu usaria sempre que me sentisse ressentido com Steve.

Pratiquei a ferramenta como Phil mandara, mas ainda me sentia um amador peso-pena me preparando para enfrentar o campeão mundial da categoria peso pesado. Mais obcecado que nunca, voltei até Phil e reclamei:

– Acho que isso não vai funcionar.

– O que você acha não interessa – rebateu Phil. – Concentre-se no que faz, não no que pensa. Seu único trabalho é usar a ferramenta. O sistema fará o resto.

Enquanto ele me expulsava, eu o imaginava repetindo o mantra: "Problema – ferramenta; problema – ferramenta".

Eu estava confuso e desmoralizado... mas não tinha outras opções. Então usei o Amor Ativo de modo obstinado toda vez que meus pensamentos se voltavam para o almoço. Aos poucos comecei a perceber que me sentia diferente. Estava com um pouco menos de medo do que Steve iria pensar e mais empolgado com a oportunidade de expressar minhas ideias.

Antes que me desse conta, o dia chegou. Usei o Amor Ativo a caminho do restaurante e mais algumas vezes quando vi Steve sentado à mesa. Depois de termos nos cumprimentado e feito o pedido, eu soube que o momento da verdade havia chegado. Steve me encarou diretamente e disse, em tom professoral:

– E então, como você descreveria sua linha psicoterápica?

Quando ouvi seu tom de voz, senti minha velha ansiedade voltando. Usei o Amor Ativo.

– Acho que... sigo uma linha "espiritual".

– Interessante. O que é exatamente?

Fechei os olhos e respirei fundo. Quando comecei a falar, as palavras que saíram da minha boca me impressionaram.

– E se todas as coisas ruins que já lhe aconteceram, incluindo todos os problemas que você já teve, estivessem lá, na sua vida, para fazer com que você entrasse em contato com habilidades que nunca pensou que tivesse? E se houvesse procedimentos específicos que levassem você diretamente a essas novas habilidades?

Vi seus olhos se acenderem.

Carregado por uma onda de paixão, lancei-me numa explicação do sistema espiritual que Phil havia descrito. Só que eu não estava mais recitando as palavras de Phil; o sistema havia se tornado parte de mim. Em minha empolgação natural, esqueci completamente que essas ideias eram improváveis e que eu estava falando com um cientista. Não me sentia mais como um rival que precisasse defender ideias ou derrotar Steve. Simplesmente me sentia inspirado.

Quando terminei, olhei para meu amigo. Ele tinha um sorriso largo no rosto (talvez fosse impressão minha, mas ele havia perdido seu ar de professor).

– Que ótimo, Barry! Você encontrou algo em que realmente acredita, e aposto que você já ajudou muita gente com isso.

Eu estava chocado.

– Quer dizer que você aceita as premissas... o sistema espiritual e tudo mais? – perguntei.

– Estritamente falando, não – admitiu ele, dando de ombros. – Mas você sabe o que Pascal disse: "É o coração que sente Deus, não os poderes de raciocínio."

Eu não podia acreditar no que estava ouvindo.

– O que você quer dizer com isso?

Ele respirou fundo e respondeu:

– Você obtém resultados. Às vezes isso é tudo o que importa.

Eu ainda não estava entendendo. Ele refletiu um pouco, então sorriu de repente.

– Acho que uma velha piada explica melhor. Um cara vai se consultar com o psiquiatra e diz: "Doutor, meu irmão está louco. Ele acha que é uma galinha. O que eu faço?" O psiquiatra responde: "É melhor interná-lo." E o homem diz: "Não posso... Eu preciso dos ovos."

Depois que parei de rir, percebi que Steve havia explicado melhor do que eu jamais conseguiria. Ele estava me dizendo que o sistema espiritual produzia "ovos" para os pacientes, proporcionando-lhes a ajuda de que precisavam, não importava como.

Aquele almoço foi um momento decisivo para mim. Passei a entender que Steve não era a única pessoa que me colocava no Labirinto; a maioria das pessoas fazia isso. Eu estava trabalhando com base na suposição equivocada de que, se a outra pessoa discordasse de mim, ela me rejeitaria. Não é de admirar que estivesse acumulando tanto ressentimento; eu me sentia silenciado por todos à minha volta, quando, na verdade, era eu mesmo que estava me reprimindo! Era como estar preso numa cela e descobrir, de repente, que a chave estava no meu bolso o tempo inteiro – a chave era o Amor Ativo.

Comecei a usá-lo com todo mundo – amigos, pacientes, familiares – e meus ressentimentos pareciam evaporar. Fiquei impressionado com quão melhor eu me sentia. Percebia que agora olhava as pessoas nos olhos, falando diretamente com elas e me sentindo mais relaxado e confiante. Não importava se elas concordassem comigo ou não. Sentia também um amor verdadeiro fluindo através de mim, exatamente como havia sentido depois do sonho. Só que dessa vez ele não desapareceu; meu coração permaneceu aberto, e me senti mais vivo.

Exatamente como Phil havia previsto, minhas dúvidas se foram. Senti a experiência das forças superiores se movendo em minha vida e me transformando numa pessoa melhor. Não podia provar a existência delas por meio da lógica, mas não sentia mais a necessidade de fazê-lo. Comecei a entender o que a fé significava de fato: *a fé é a confiança de que as forças superiores estarão sempre lá para nos ajudar quando precisarmos delas.*

Sem dúvida, eu havia passado por algo profundo. Depois dessa experiência, não conseguia mais enxergar Phil do mesmo jeito. Sempre o havia considerado um pouco fanático, mas ele nunca tinha tentado me enfiar suas ideias goela abaixo – nunca tinha tentado me influenciar de maneira alguma. No meu momento mais sombrio, ele demonstrou ter fé absoluta no funcionamento de um sistema espiritual, ensinando-me o que eu precisava aprender. Se ele não era um fanático, de onde vinha aquela fé? Decidi, como de costume, perguntar diretamente a ele. Foi uma conversa inesquecível.

O momento em que Barry me perguntou diretamente de onde vinha a minha fé foi um divisor de águas em nosso relacionamento. Meus pacientes nunca haviam feito essa pergunta – era pessoal demais. Eu sabia o que eles estavam pensando. Sempre que eu expressava confiança no sistema espiritual, olhavam para mim como se eu fosse um excêntrico bem-intencionado. Mais tarde, depois de terem colhido os benefícios daquele sistema, olhavam para mim como se eu fosse uma espécie de gênio clarividente.

Ambos os olhares eram equivocados. Eu era apenas um ser humano que havia aprendido a confiar no que a vida me trazia. Admito que a minha vida foi um pouco incomum. Durante todo o tempo que passei na faculdade e na formação psiquiátrica, eu transbordava energia e entusiasmo. Então as coisas tomaram um rumo inesperado. Logo que comecei a trabalhar como psiquiatra, senti que estava ficando muito cansado. Não o tipo de fadiga cotidiana que resulta do trabalho excessivo. Era uma exaustão profunda, muito superior a qualquer coisa que eu tivesse sentido antes.

A exaustão veio se arrastando como um ladrão na madrugada. A princípio eu me sentia bem durante a semana, mas, quando chegava o sábado, eu desabava e dormia até segunda-feira. Então, numa segunda de manhã, acordei e o ladrão ainda estava ali. Eu mal consegui sair da cama. Tirei cinco dias de folga no trabalho – pela primeira vez na vida –, mas no final da semana me senti ainda mais exausto. Precisava fazer alguma coisa a respeito; tentei subornar o ladrão, abandonando minha rotina de exercícios físicos e minha vida social. Mas não foi suficiente.

A única coisa que eu conseguia fazer era continuar trabalhando – embora com um nível de energia muito mais baixo. A vida agora consistia em atender pacientes e voltar para a cama. Durante meses, disse a mim mesmo que aquilo era apenas temporário. Por fim, como as coisas não estavam apresentando nenhum sinal de melhora, comecei a me perguntar se algum dia me recuperaria.

Com certa hesitação, eu me arrastei até um clínico geral. Procurei um antigo colega da faculdade de medicina que era excelente médico e, de modo geral, um cara gente boa. Ele foi todo ouvidos quando lhe contei a história. Depois que terminei, ele me disse os exames que faria e algumas das possíveis explicações para a minha situação. Todos os exames – e foram vários – deram resultados normais. Ele sugeriu que os refizéssemos algumas semanas mais tarde. Mais uma vez, todos os resultados foram normais, porém eu estava ainda pior. Depois disso, senti uma mudança sutil na atitude dele. Não me recebia mais com um sorriso de "Estou feliz em vê-lo", e sim com o tipo de sorriso que daríamos no metrô para alguém que parecesse ter fugido de um manicômio.

Eu estava começando a achar aquele sorriso familiar demais. Lá estava ele, no rosto de inúmeros especialistas com os quais havia me consultado para tentar descobrir o que consumia minha energia vital. Não me incomodava o fato de eles não terem a menor ideia do que estava acontecendo. O que me irritava era a conclusão a que chegavam. Como não conseguiam explicar o problema, convenciam-se de que não havia nada, logo me consideravam uma espécie de louco.

Depois de não sei quantas consultas, decidi que só buscaria ajuda com aqueles que acreditassem no que eu estava sentindo. Descobri rapidamente que só havia uma pessoa que se enquadrava nessa categoria: eu mesmo.

Hoje percebo que aquela foi a primeira indicação de que a doença tinha uma finalidade. Ela já havia me isolado da maior parte do mundo exterior. Eu estava sempre no meu consultório ou na minha cama. No entanto, a constatação de que não havia ninguém que pudesse me ajudar era como se mais uma porta tivesse sido fechada. Na verdade, duas portas, pois foi naquela época que também perdi a confiança no modelo terapêutico que tinham me ensinado. Não havia ninguém que pudesse me ajudar com isso.

Não percebi na época, mas essa perda de conexão com o mundo exterior foi a coisa mais importante que já havia me acontecido. A vida estava me forçando a entrar num mundo interior que eu nunca teria escolhido sozinho. A princípio, fiquei ressentido com a perda da minha conexão com o mundo à minha volta. Parecia que a vida estava me ignorando. Contudo, logo percebi que o mundo interior era a verdadeira fonte da vida.

Além de atender meus pacientes, minha outra atividade era dormir... ou melhor, tentar dormir. Às vezes ficava virando de um lado para outro por doze horas seguidas. Não tinha febre, mas sentia um calor estranho, quase como se estivesse me liquefazendo. Isso acontecia toda noite. Algo dentro de mim estava tentando incansavelmente me alcançar.

E conseguiu. A prova veio nas sessões com meus pacientes. Enquanto eu me esforçava para criar as ferramentas das quais eles precisavam, as informações necessárias me apareciam do nada. Certamente não estavam vindo de alguém no mundo exterior nem sendo descobertas na minha cabeça. Respostas que eu não sabia que sabia saíam da minha boca como se eu fosse um porta-voz para alguma outra força. Eu não podia provar sua existência, mas podia senti-la.

Alguns pacientes – até mesmo os mais resistentes – também a sentiam depois que começavam a usar as ferramentas. Eram os mesmos pacientes que antes rejeitavam toda e qualquer interpretação que eu oferecesse. Trabalhar com eles era como lapidar um bloco de mármore com uma colher de plástico. Mas, assim que comecei a lhes oferecer ferramentas, tudo mudou. O agente de mudança não era mais eu; eram as forças maiores que se manifestavam com as ferramentas. Era uma lição de humildade e, ao mesmo tempo, uma inspiração.

Por mais debilitante que fosse a doença, ela me levou àquilo de que eu necessitava: acesso ao mundo interior e ferramentas para evocar as forças superiores nele enterradas. Comecei a me dar conta de que meus pacientes e eu estávamos funcionando dentro de um sistema espiritual. Nele, todos os acontecimentos da vida tinham como finalidade nos treinar para usar as forças superiores. Meu "acontecimento" foi uma doença crônica sem nenhuma causa ou cura aparente.

Para mim, aquele sistema estava longe de ser meramente teórico. Eu era um exemplo vivo de alguém que tinha sido iniciado em seus ensinamentos. Barry havia me perguntado como eu sabia que a vida lhe mostraria o que ele precisava aprender. Os efeitos da minha doença me deram a resposta. Eu agora sabia que vivemos num universo profundamente atencioso que tem um propósito para cada um de nós. Senti seu amor atuando na minha vida de um jeito que nunca poderia ter imaginado. Como poderia esse universo *não* nos ensinar o que precisávamos aprender?

Essa foi a resposta à pergunta de Barry.

Quando Phil terminou, eu estava sem fôlego. Não esperava ouvir algo tão pessoal. O sistema espiritual não era apenas um conceito que ele havia descoberto; Phil vivera dentro dele de fato e encontrara um significado positivo em seu sofrimento. Eu nunca havia me sentido tão próximo a ele. Phil tinha feito faculdade de medicina e eu, de direito, mas ambos havíamos aprendido sobre a fé com a mesma professora: a vida.

CAPÍTULO 8

Os frutos de uma nova visão

A fé que a vida nos ensinou não era uma "fé cega". Baseava-se em padrões que podíamos ver de fato no mundo espiritual. Phil e eu passamos muito tempo tentando compreender melhor o "sistema operacional" que criava esses padrões, até que encontramos um jeito de descrevê-los para que todos pudessem entender. O que observamos formou os pilares de uma nova espiritualidade.

A partir daí, ficamos satisfeitos (e um tanto surpresos) quando descobrimos que a consciência moderna já vinha refletindo essa nova ordem espiritual em muitos aspectos. As forças superiores já tinham entrado no mundo; estavam mudando o modo como agíamos enquanto sociedade.

Pilar nº 1: Pensar nas forças superiores é inútil; é preciso vivenciá-las.
Como seres modernos, não percebemos quanto a nossa percepção é limitada pelo modelo científico. A ciência não aceita nada que não possa ser provado por meio da lógica. Foi isso que me levou, no Capítulo 7, a exigir que Phil provasse que as forças superiores eram reais. Ele não tinha nenhum interesse em fazer aquilo, pois sabia que as forças superiores existiam num reino

que não estava sujeito ao modelo científico. É um mundo interior no qual você precisa entrar. Ele não pode ser compreendido por meio do pensamento, que está apenas dentro da nossa cabeça. No mundo interior, o que é real é aquilo que afeta todo o nosso ser. Ao insistir que eu usasse uma ferramenta para resolver meu problema, Phil estava me guiando em direção ao mundo interior para que eu vivenciasse as forças superiores lá existentes.

Ele estava demonstrando o primeiro pilar da nova espiritualidade: não se pode provar nem refutar a existência de forças superiores; *elas só serão reais se você puder senti-las.*

O filósofo Kierkegaard aludiu a esse princípio quando escreveu que "a vida tem suas próprias forças ocultas que só podemos descobrir vivendo". Digamos que você seja um refugiado de guerra que perdeu o contato com sua família. Imagine a diferença entre receber um documento confirmando que eles estão vivos e a experiência de reencontrá-los de fato. Essa é a diferença entre tomar conhecimento de alguma coisa e vivenciá-la com todo o seu ser. É só assim, com todo o seu ser, que a realidade das forças superiores pode ser vivenciada.

Esse é um modo radicalmente novo de avaliar o que é real. Fomos treinados a usar o pensamento para essa função, mas, quando se trata de forças superiores, isso não funciona. Assim que começar a pensar, você estará confinado em sua própria cabeça, exigindo provas de que as forças realmente existem. Elas precisam ser *vividas diretamente,* e isso requer esforço. Significa que você enfrentará a mesma escolha radical que enfrentei: exigir provas que nunca receberá, ou usar as ferramentas mesmo diante de tantas dúvidas. Quando parei de pensar e me concentrei nas ferramentas, minha recompensa foi a fé que mudou minha vida. Espero que você faça a mesma escolha.

Essa nova maneira de perceber a realidade já se infiltrou entre nós. Todo mundo já ouviu falar nos Alcoólicos Anônimos e no programa dos Doze Passos. Fiéis ao primeiro pilar da nova espiritualidade, os Alcoólicos Anônimos colocam a experiência acima da crença. Já vi dependentes no A.A. discordando de tudo que o programa pregava – ainda assim, foi o que salvou a vida deles. O programa contorna a questão do pensamento; dedicando-se a seguir os Doze Passos, você começa a vivenciar forças maiores do que o seu vício, e isso o ajuda a permanecer sóbrio.

Às vezes até cientistas modernos admitem a presença de um reino além do alcance da comprovação científica. Uma história famosa sobre Niels Bohr, grande físico dinamarquês e pai da teoria quântica, é um bom exemplo disso. Um jovem físico o visitou em sua casa e viu uma ferradura pendurada na parede em cima da lareira.

– Sem dúvida, professor, o senhor não acredita que uma ferradura vá lhe trazer sorte – comentou o jovem físico.

– É claro que não! – respondeu Bohr. – Mas ouvi dizer que não é preciso acreditar nela para que funcione.

Pilar nº 2: Quando se trata de realidade espiritual, cada um de nós é sua própria autoridade.

Até que consiga vivenciar as forças espirituais com todo o seu ser, você estará preso na mesma armadilha em que eu estava: ou você crê naquilo que autoridades espirituais mandam, ou rejeita esse modelo (como eu fiz). De um modo ou de outro, você não estará vivenciando as forças superiores por si próprio, então não poderá chegar a nenhuma conclusão inteligente a respeito delas. Isso nos leva ao segundo pilar: *na nova espiritualidade, cada indivíduo deve vivenciar as forças superiores e chegar às suas próprias conclusões a respeito delas; outras figuras de autoridade não podem mais definir nossa própria realidade espiritual.*

Isso nos leva para além daquilo que normalmente entendemos como religião tradicional. Nos tempos antigos, uma figura de autoridade (um padre, por exemplo) interpretava o divino em nome de toda uma comunidade. A palavra desses líderes religiosos era universalmente aceita como a Palavra de Deus. Em diferentes graus, a religião organizada ainda endossa essa velha hierarquia. Estruturada em torno de um líder, a maioria das congregações acata o entendimento superior dessa liderança a respeito do divino. Isso não respeita a necessidade do indivíduo moderno de chegar a um entendimento próprio.

É aí que entra a nova espiritualidade. Ela se baseia no fato de que todo ser humano é único, dando a você as ferramentas e uma metodologia que lhe permitem explorar as forças superiores para que possa vivenciá-las à sua maneira.

Isso foi muito importante na minha vida pessoal. Quando jovem, fui treinado para "questionar a autoridade". Essa era uma das razões pelas quais eu rejeitava a religião organizada. Agora, incrivelmente, a abordagem de Phil *exigia* que eu questionasse a autoridade – até mesmo a dele. Phil nunca tentou me convencer a concordar com ele; tudo que queria era que eu usasse as ferramentas e chegasse às minhas próprias conclusões.

Acontece que eu não sou o único que quer forjar o próprio caminho. Cada vez mais, uma legião de pessoas deseja decidir as coisas por elas mesmas. Embora os Estados Unidos sejam um dos países mais religiosos do mundo, as opiniões da maioria dos americanos não se encaixam perfeitamente em nenhuma religião; muitas vezes contrariam os ensinamentos de sua própria fé. Há católicos que meditam e protestantes que rezam para a Virgem Maria (sem falar na enorme quantidade de judeus budistas). Seria condescendente de nossa parte acreditar que as pessoas fazem isso por ignorância. Na verdade, cada vez mais queremos escolher o que funciona para nós com base em nossos instintos espirituais.

Mais uma vez, os Alcoólicos Anônimos são um bom exemplo disso. O programa não foi desenvolvido de cima para baixo, por peritos médicos, mas de baixo para cima, por dependentes químicos. Seu fundador, Bill Wilson, não era médico, era especulador na bolsa de valores. Sua autoridade vinha do fato de que não conseguia passar um dia sem desmaiar de tanto beber. As pessoas que lutavam diariamente contra o vício demonstraram ser as mais qualificadas para saber o que funcionava. Elas concluíram que somente um Poder Superior era forte o suficiente para superar o vício.

Pilar nº 3: Problemas pessoais impulsionam a evolução do indivíduo.
Se não fosse a minha insegurança com meu amigo Steve, eu nunca teria alcançado o nível de confiança que sinto hoje. Sem uma doença debilitante, Phil nunca teria feito a jornada interior que resultou nas ferramentas. Esses são exemplos do terceiro pilar da nova espiritualidade: *a força propulsora da evolução espiritual reside nos problemas pessoais.*

Esse princípio faz sentido para as pessoas em termos abstratos, mas, ao enfrentar uma adversidade – uma ordem de despejo, a perda de um emprego ou a morte de uma pessoa amada –, a maioria tem dificuldade em enxergar o lado positivo. O exercício a seguir pode ajudar nesse processo, colocando você bem no meio do sistema ilustrado por Phil. Pense num problema especialmente difícil que você tem neste momento, então experimente o seguinte:

> Primeiro, pense no problema como uma dificuldade aleatória, que ocorre num universo indiferente que não se importa com você nem com sua evolução. Como você se sente? Agora pense no mesmo problema como um desafio imposto por um universo que deseja que você evolua e sabe que você é capaz de fazê-lo. Como se sente agora?

Em geral nos sentimos mais motivados quando nos vemos como parte de um sistema inteligente cuja meta é nosso avanço. Depois do meu almoço com Steve, fiz questão de pensar em todos os meus problemas dessa forma. Os resultados foram imediatos: eu me peguei animado para trabalhar nos meus problemas, pois sentia que eles estavam lá para meu benefício.

Essa sensação constante de que os problemas têm uma razão de ser é uma diferença fundamental entre um consumidor e um criador. O consumidor sente que a vida só tem sentido quando suas necessidades estão sendo atendidas. Problemas, por não serem gratificantes, inevitavelmente destroem o senso de propósito do consumidor. Por outro lado, o criador tem um senso de propósito que não pode ser destruído – ele insiste em ver os problemas como oportunidades de alcançar algo melhor, algo superior dentro de si. Longe de destruir seu senso de propósito, os problemas na verdade o reforçam.

A sociedade como um todo parece estar pronta para enxergar os problemas dessa nova maneira. É por isso que estamos mais interessados do que nunca nas adversidades. Para muitas pessoas, enfrentar seus próprios problemas é doloroso demais, então elas ficam obcecadas com os problemas dos famosos. Não importa em que país você esteja, sempre encontrará pessoas fascinadas com um político pego num caso extraconjugal, um atleta que agrediu a namorada ou uma atriz internada à força numa clínica de reabilitação. Está na hora de darmos aos nossos problemas a mesma atenção que damos aos das celebridades.

Esse desejo claramente existe, como demonstra o crescimento astronômico da psicoterapia desde a introdução da psicanálise por Freud no início do século XX. A explicação é simples: é na terapia que buscamos resolver nossos problemas. É fácil menosprezar a ascensão da psicoterapia como um sintoma de que somos todos autocentrados – milhões de Woody Allens à solta na sociedade. Na verdade, descobrimos que mesmo o paciente mais autocentrado percebe, em algum nível, a importância crucial dos problemas para impulsionar sua evolução.

Até muito recentemente, contudo, a psicoterapia focava mais as causas dos problemas que as soluções. Há sessenta anos era aceitável, num tratamento psicanalítico, falar sobre seus problemas cinco dias por semana sem fazer nada para resolvê-los. Hoje, a maioria dos pacientes quer mais. Eles querem desenvolver capacidades ocultas e estão dispostos a fazer o trabalho necessário para que isso ocorra.

Querem reagir a seus problemas como criadores. Apenas necessitam das ferramentas certas.

Quando a psicoterapia reconhecer essa necessidade, a profissão será revolucionada. Na verdade, é a maior das ironias: a psicoterapia, criação de Freud (um ateu convicto), se tornará um empreendimento espiritual.

Deus claramente tem senso de humor.

Vi a crescente aceitação da espiritualidade em meu próprio consultório. Existe um certo tipo de paciente – culto, descolado, irônico, de criação pouco ou nada religiosa (normalmente vestido todo de preto) – que há vinte ou trinta anos teria desdenhado da noção de forças superiores. Agora, trabalhando com esses pacientes, eu me pego descrevendo soluções espirituais na primeira sessão, e eles aceitam. Às vezes me surpreendem com declarações como "Acredito que tudo acontece por uma razão". Essas pessoas nunca tiveram a intenção de se tornar espiritualmente abertas; foram arrastadas por uma onda evolucionária que está afetando a mentalidade de todos. Se a onda os alcançou, é porque já está por toda parte.

A evolução, contudo, só pode nos levar até certo ponto sem nossa participação ativa. Para alcançar seu potencial evolutivo, a espécie humana precisa assumir a responsabilidade consciente por trazer as forças superiores para o mundo. Por mais que o indivíduo precise das forças superiores, a sociedade como um todo precisa delas ainda mais. Tudo o que mais estimamos está em risco. A nova espiritualidade apareceu na hora certa.

CURANDO UMA SOCIEDADE DOENTE

Assim como cada indivíduo possui um espírito, o mesmo ocorre com a sociedade. Imagine o espírito da sociedade como um organismo, invisível porém vivo, entrelaçando a todos nós. O espírito é puro movimento; permite à sociedade abraçar o futuro ao mesmo tempo que cria harmonia e compreensão entre as pessoas.

Quando saudável, o espírito de uma sociedade não tem medo de mudanças; recebe o novo de braços abertos e consegue inovar diante de desafios. Uma sociedade assim busca suas aspirações com confiança e tem fé em seu futuro. Além disso, um espírito forte faz com que cada indivíduo se sinta parte de um organismo social e responsável pelo bem coletivo, sacrificando por ele seus interesses pessoais.

O espírito da nossa sociedade, contudo, não está saudável. Perdemos a fé em nosso futuro; as pessoas estão desconfiadas, fechadas para novas ideias, relutantes em correr riscos, gastar ou emprestar dinheiro. Também perdemos a fé na comunidade e, com ela, a noção de estarmos todos conectados. É cada um por si, sem que ninguém se assuma responsável pela sociedade como um todo.

Quando ninguém assume responsabilidade por nada além do próprio bem-estar, a civilização vai apodrecendo por dentro até desmoronar de vez. O exemplo mais valioso disso foi a queda do Império Romano. Lewis Mumford, eminente historiador norte-americano, descreveu-a da seguinte forma:

Todos tinham como objetivo a segurança; ninguém aceitava responsabilidade. O que estava claramente faltando, muito antes das invasões bárbaras [...], muito antes dos deslocamentos econômicos [...], era uma energia interior. A vida de Roma agora não passava de uma imitação da vida [...]. A segurança era o lema – como se a vida conhecesse algum tipo de estabilidade que não a mudança contínua, ou alguma forma de segurança que não uma disposição constante para assumir riscos.

O que Mumford chamou de "energia interior" corresponde exatamente ao que estamos definindo como espírito da sociedade. É a força motriz que dá vida a uma sociedade e lhe permite ir corajosamente em busca de seu futuro.

Nosso espírito costumava ser forte – forte o suficiente para reagir à Segunda Guerra Mundial mesmo após dez amargos anos de dificuldades econômicas. Essa força vinha do compromisso daqueles aos quais nos referimos como a "Maior das Gerações". E com razão. Sua grandeza se devia ao fato de estarem dispostos a fazer enormes sacrifícios pessoais em nome de um bem maior.

Somos tão capazes de grandes atos quanto eles. Só que não podemos depender de uma guerra mundial – nem de qualquer outro acontecimento externo – para despertar nossa força. Como explicamos, a evolução agora requer que ofereçamos o melhor de nós mesmos, não porque somos *forçados* a fazer isso por um acontecimento externo, mas porque *escolhemos fazê-lo por livre e espontânea vontade*.

O livre-arbítrio precisa começar com o indivíduo. Mas será que a vitalidade espiritual de uma pessoa pode afetar o restante da sociedade? *Não só pode como é a única coisa capaz disso.* As forças superiores sempre foram e ainda são essenciais para o sucesso de um povo. No passado, porém, elas vinham por meio de instituições, líderes espirituais ou cerimônias e rituais sagrados

– canais tradicionais que não envolviam pessoas comuns. A evolução agora exige que as forças superiores entrem na sociedade através de cada um de nós. É por isso que aqueles canais tradicionais – seja por terem se tornado corruptos, irrelevantes ou obsoletos – estão perdendo sua influência. Até que os indivíduos adquiram o poder para substituí-los, seremos uma sociedade sem fé nem propósito.

Para que cada pessoa adquira esse poder, é necessária uma revolução, mas as revoluções sempre foram lutas contra opressores externos. Agora o inimigo está dentro de nós, usando nosso sistema de crenças contra nós mesmos. Esse inimigo usa a ciência para convencer algumas pessoas de que as forças superiores não existem – que não há ajuda disponível. Para outras, admite a existência de forças superiores, mas insiste que, para se conectar a elas, precisamos parar de pensar por conta própria e passar a aceitar as opiniões de alguma figura de autoridade.

Para derrotar esse adversário interior, precisamos de nossas próprias armas, que nos permitam crer nas forças superiores e senti-las sem sacrificar nossa liberdade. Você já as utilizou em benefício próprio sem perceber que seu poder afeta toda a sociedade. Essas armas são as ferramentas descritas neste livro.

Toda vez que você usa uma ferramenta e aplica as forças superiores nos seus próprios problemas, também as está disponibilizando para a sociedade como um todo. Quando tiver aceitado isso, seus problemas se tornarão mais que uma mera fonte de autoanálise. Eles levarão você para além de si mesmo, numa preocupação com toda a humanidade. As ferramentas fazem de você um participante numa revolução silenciosa – uma revolução de criadores. Somente um criador pode atender à demanda evolucionária de mudar a sociedade enquanto muda a si próprio.

Como seria participar dessa revolução? Você está prestes a descobrir. Nas próximas quatro seções, você aplicará cada ferramenta e cada força superior a um problema pessoal. Durante esse processo, vamos lhe mostrar como sentir o efeito que essas forças podem ter sobre toda a sociedade.

ARMAS PARA UMA REVOLUÇÃO SILENCIOSA

Inversão do Desejo

Um espírito saudável possui a autoconfiança necessária para encarar o futuro. Embora seja impossível saber exatamente o que o futuro trará, ele sem dúvida vai conter algum tipo de dor. Em nosso caso, a "dor" quase certamente virá na forma de ameaças econômicas (e até físicas) ao nosso bem-estar, escolhas difíceis e sacrifícios coletivos. Nenhuma sociedade pode alcançar suas aspirações a menos que esteja disposta a enfrentar esse tipo de adversidade.

Saber lidar com a dor envolve usar a Força Propulsora, tema do Capítulo 2. Essa força permite que a vida de cada um de nós se expanda e atinja seu potencial a partir de uma atitude destemida perante a dor. E essa capacidade de avançar em direção ao futuro é igualmente importante para uma sociedade.

Quando uma pessoa para de avançar na vida, ela estagna. O mesmo ocorre com uma sociedade. Seus membros param de enfrentar a realidade e entram numa Zona de Conforto coletiva, entregando-se à fantasia de conseguir o que querem sem precisar fazer nenhum sacrifício. Por exemplo, uma sociedade consumista hipoteca seu futuro para adquirir coisas que não tem condições de bancar.

Sem a Força Propulsora, a sociedade perde seu rumo. Em vez de aspirações reais, só nos restam slogans vazios e sem sentido, e nossos ideais morrem.

Nossos líderes também não ajudam: querem que acreditemos que não precisamos enfrentar a realidade, o que torna seu trabalho mais fácil. Porém, antes de culpá-los, lembre-se de que eles são um reflexo de nós: também não conseguem tolerar a dor. Não podemos esperar que eles abracem a dor de encarar a verdade até provarmos que nós mesmos estamos dispostos a passar por isso.

O Capítulo 2 apresentou a ferramenta ideal para enfrentar a dor. Chama-se Inversão do Desejo. Quando utilizada, desperta uma força poderosa que faz você superar sua aversão normal à dor e ser impulsionado em direção a ela. Com essa força, nada pode detê-lo. Quando você usa a ferramenta e se coloca em movimento, não é apenas sua vida que é afetada. Como a maioria dos seres humanos nunca deixa sua Zona de Conforto, aqueles que o fazem têm um impacto profundo em todos os outros. Quando estiver em movimento, você começará a ver os efeitos naqueles à sua volta. Ao ver e sentir que você está fazendo coisas que nunca tinha feito, essas pessoas vão expandir a própria percepção do que lhes é possível. É assim que o espírito da sociedade se transforma.

Vamos imaginar como seria:

> Feche os olhos e use a Inversão do Desejo em algo que você normalmente evita. Sinta-se avançando aos poucos. Agora visualize aqueles à sua volta sendo inspirados por seu progresso e usando a ferramenta naquilo que eles próprios têm evitado. Visualize milhões de pessoas abraçando a dor e, como resultado, avançando em suas vidas. De que maneira essa sociedade imaginária é diferente daquela em que vivemos agora?

Quando milhões de pessoas param de evitar a dor e começam a avançar, não existem problemas sociais que não possam ser resolvidos. Somente uma sociedade que abraça a dor pode abrir caminho para o restante do mundo.

Amor Ativo

Um espírito saudável mantém uma visão positiva do futuro e trabalha constantemente para chegar lá. Isso requer receptividade a novas ideias e novas maneiras de solucionar problemas. Quando as condições vigentes não permitem que novas ideias sejam ouvidas, o espírito da sociedade míngua.

No Capítulo 3, apresentamos o conceito de Labirinto. Você fica preso no Labirinto quando sente que foi tratado injustamente por alguém e não consegue superar essa decepção. A única coisa em que consegue pensar é no que precisa acontecer para que você se sinta novamente pleno. É como se a outra pessoa tivesse entrado na sua cabeça e permanecido ali. Enquanto você remói o assunto, acaba deixando a vida passar.

Já é ruim o bastante quando isso acontece com uma pessoa, mas é um desastre quando uma sociedade inteira se perde num Labirinto coletivo. A mente dessa sociedade se fecha. Em vez de ser um mercado de novas ideias, ela se torna um local de despejo de pensamentos antigos. A essa altura, seu espírito morre.

Se você prestar atenção aos debates comuns em nossa sociedade, perceberá que novas ideias não estão nem sequer sendo consideradas. A repetição é a principal característica do Labirinto; ele bloqueia tudo o que é novo. Assim como mantém um indivíduo preso no passado, o Labirinto pode fazer o mesmo com uma sociedade. Está acontecendo conosco agora. Somos um povo que deixa a vida passar enquanto discute assuntos iguais há anos.

Esse Labirinto coletivo se revela no tom de nossas discussões públicas. É estridente, hipócrita, e desdenha de qualquer um que ouse discordar de nós. Quase por reflexo, julgamos implacavelmente todas as ideias que contradizem as nossas. Os debates nacionais se tornaram uma guerra na qual só a vitória importa. Parece uma luta até a morte.

Só existe um jeito de reverter essa situação. Pode soar radical, mas precisamos aprender a aceitar todas as ideias, inclusive aquelas que mais nos ofendem. Não é pelo intelecto que faremos isso. Somente algo maior que nós mesmos tem poder suficiente para criar esse nível de aceitação. No Capítulo 3, chamamos essa força superior de Entrega.

A Entrega é gerada através do coração humano. Num nível cósmico, ela é a qualidade básica do universo. Como seres humanos, somos abençoados com a capacidade de criar uma pequena amostra dessa força. Quando o fazemos, algo especial acontece: entramos em sintonia com a Entrega cósmica, estamos em harmonia com uma força infinitamente maior que nós. Nesse momento, não temos necessidade de julgar nenhuma ideia, mesmo aquelas das quais discordamos. Nossa segurança vem de um lugar superior.

Quer percebamos ou não, a Entrega é a base de toda discussão pública construtiva. Sem ela, o debate vira guerra e perdemos a esperança de conseguir resolver nossos problemas.

O Amor Ativo é o que possibilita gerar a Entrega, que, por sua vez, liberta o indivíduo do Labirinto. Vamos ver o que aconteceria coletivamente se a ferramenta fosse usada por um número suficiente de pessoas:

> Feche os olhos e imagine alguém cujas ideias ofendam você profundamente. Use o Amor Ativo nessa pessoa. Agora o utilize de novo, mas desta vez imagine cada membro da sociedade usando a ferramenta em algum ofensor. Como a sociedade se transformaria se milhões de pessoas canalizassem essa força de pura aceitação?

Não há nada mais inspirador do que ver um ser humano capaz de gerar Entrega diante do pior julgamento de todos: o ódio cruel. Essa é a razão pela qual Martin Luther King Jr. é um ícone americano. Ele empregou o Amor Ativo (sem chamá-lo assim) para não se deixar cair no Labirinto. Terminou seu sermão "Amar seus inimigos" da seguinte forma: "Então nesta manhã, ao olhar nos seus olhos e nos olhos de todos os meus irmãos no Alabama, por toda a América e por todo o mundo, eu te digo: 'Eu te amo. Prefiro morrer a te odiar.' E sou tolo o bastante para crer que, através do poder desse amor, em algum lugar, até os mais inflexíveis dos homens serão transformados."

Inclua a Sombra

Assim como aceita novas ideias, um espírito forte aceita também todos os tipos de pessoa. Ele enxerga a humanidade comum a todos e, portanto, não se sente ameaçado por costumes, crenças ou estilos de vida diferentes. Um espírito forte se interessa por todos e age de modo a incluí-los.

Por outro lado, quando nosso espírito é fraco, perdemos o fio comum que nos conecta. Sem esse fio, aqueles que parecem, falam ou agem diferente de nós se tornam os "outros". Nós os tememos, os menosprezamos ou os culpamos por nossos problemas.

Não importa quão tolerante você seja, se refletir sinceramente sobre o assunto vai acabar admitindo que há pessoas que você enxerga como os "outros". Pode ser um veterano de guerra, um mendigo ou um grupo étnico inteiro.

Por trás da rejeição do outro está uma rejeição mais profunda de uma parte de nós mesmos. No Capítulo 4 você foi apresentado à Sombra, um ser independente que vive dentro de você. Todos os sentimentos que você tem pelo "outro" se originam em seus sentimentos em relação a essa parte oculta de si. Até que você consiga aceitar a Sombra, será impossível aceitar o outro. Assim como cada um de nós está dividido contra si mesmo, a sociedade como um todo está dividida também. *Uma sociedade que não consegue incluir o outro é uma sociedade que destruiu seu próprio espírito.*

A única maneira de reconstruir um espírito é sendo fiel à natureza dele. O espírito sempre se move em direção à plenitude – ele quer abraçar a todos. Nós o alimentamos toda vez que aceitamos aqueles que são diferentes de nós. Agir assim é uma questão de interesse próprio. É impossível se sentir seguro numa sociedade em conflito consigo mesma. O poeta inglês John Donne escreveu: "Nenhum homem é uma ilha [...]/ a morte de qualquer homem me diminui,/ pois sou parte da humanidade./ Nunca perguntes, portanto,/ por quem os sinos dobram;/ eles dobram por ti."

A solução para as cisões na sociedade precisa começar pelo indivíduo. Ao aceitar sua Sombra, você descobre que, longe de ser motivo de vergonha, ela é uma fonte de forças superiores. Isso dará àqueles à sua volta a coragem de fazer o mesmo. A potência que isso confere a cada pessoa é uma amostra do potencial que podemos atingir como uma sociedade plena.

É assim que o espírito de uma sociedade se revitaliza: uma pessoa de cada vez. Eis o que você, como indivíduo, precisa fazer para iniciar o processo:

> Feche os olhos e visualize sua Sombra. Sinta como seria constrangedor se ela fosse revelada para os outros. Imagine milhões de pessoas à sua volta sentindo a mesma coisa a respeito de suas respectivas Sombras, fazendo tudo o que podem para escondê-las. O que acontece com uma sociedade em que todos os corações estão fechados uns para os outros?
>
> Agora diga à sua Sombra que você estava terrivelmente equivocado, que não pode ser pleno sem ela. Imagine milhões de pessoas fazendo o mesmo. O que essa sociedade de coração aberto pode fazer que a anterior não podia?

No Capítulo 4 usamos a Sombra como parte de uma ferramenta chamada Autoridade Interior. Ao aceitar sua Sombra e se tornar pleno, você adquire a capacidade de se expressar livremente. Isso, na verdade, é um aspecto muito relevante para curar o espírito da nossa sociedade. Todos têm uma Sombra, e toda Sombra fala uma "linguagem do coração". Como essa linguagem é comum a toda a humanidade, todos se sentem incluídos, ninguém é deixado de fora.

Fluxo do Agradecimento

O espírito de uma sociedade depende do apoio de todos os seus membros. Especialmente importantes são as pessoas em posições de autoridade. De certo modo, elas são as "administradoras" da sociedade, protegendo seus recursos e exemplificando seus ideais; atuam como guardiãs de seu espírito.

Uma das razões pelas quais nossa sociedade está tão doente é que seus administradores deixaram de agir visando aos interesses coletivos. Não se sentem responsáveis por nada além deles mesmos. No mercado financeiro, no direito, na medicina, na política, nas universidades e nos negócios, tornou-se comum ver indivíduos poderosos e privilegiados deixando de proteger a sociedade como um todo e adotando uma atitude de "cada um por si".

A razão para isso está bem na nossa frente. Quase todo mundo em nossa sociedade está insatisfeito com o que tem; ninguém acredita ter o *suficiente*. Essa noção – de que não importa quanto poder e riqueza acumulemos, nunca será o bastante – nos força a cuidar somente de nós mesmos, abandonando nossa responsabilidade pela administração da sociedade como um todo.

Apesar de nossos problemas, ainda temos muito pelo que ser gratos. Então por que existe essa insatisfação tão generalizada? A resposta é que estamos desconectados da única coisa capaz de nos satisfazer. Ela foi descrita no Capítulo 5 como a Fonte – um poder de pura generosidade que nos criou, nos sustenta e enche nosso futuro de infinitas possibilidades. Quando não temos a sensação da verdadeira presença da Fonte em nossa vida, nos sentimos sós e desamparados. São esses sentimentos que nos levam a focalizar de modo mesquinho apenas nossos próprios interesses. Até os poderosos e privilegiados abandonam sua responsabilidade social.

Um senso de responsabilidade não pode ser legislado. Leis e regulamentos podem impedir atos mais graves de negligência, mas não são capazes de entrar nas pessoas e mudar o que elas sentem. Líderes só serão estimulados a cumprir suas responsabilidades quando se sentirem gratos por tudo que receberam. Eles precisam admitir a verdade: *ninguém chega a uma posição de autoridade sem muita ajuda* – seja porque teve mais oportunidades de estudo, porque gozou de liberdades que nem todos podem ter ou porque há muitas pessoas dispostas a trabalhar em posições bem menos gratificantes. No fim das contas, isso se aplica a todos nós: quando damos valor a tudo o que recebemos, o natural é retribuir.

É aí que entra o Fluxo do Agradecimento. No Capítulo 5 você aprendeu que a gratidão não é apenas uma emoção; é, na verdade, o meio pelo qual você se conecta com a Fonte. Ao usar o Fluxo do Agradecimento, você tem a experiência de ser o beneficiário de sua infinita generosidade. A energia positiva que você gera inspira aqueles à sua volta a reconhecer as próprias bênçãos. Somente uma onda de gratidão que varra toda a nossa sociedade poderá se contrapor ao grau de egoísmo que nos divide.

Imagine como seria:

> Feche os olhos e comece a ruminar suas insatisfações. Então imagine toda a sociedade à sua volta num estado similar de descontentamento. Como isso afeta o senso de responsabilidade das pessoas em relação às outras?
>
> Agora apague essa imagem e use o Fluxo do Agradecimento. Sinta-se inundado de gratidão por tudo o que lhe foi dado desde o dia de seu nascimento. Veja milhões de pessoas à sua volta usando a ferramenta e transbordando gratidão. Como isso afeta o senso de responsabilidade das pessoas em relação às outras? Como a sociedade que você está visualizando agora se diferencia da anterior?

Risco

As quatro forças superiores que identificamos podem revigorar o espírito de nossa sociedade, mas apenas se cada indivíduo decidir empregar essas forças. Como sociedade, ainda estamos esperando algo ou alguém mágico que faça com que as mudanças aconteçam sem que precisemos nos esforçar. Não existe nada mais patético que saber o que é preciso ser feito e não fazer. É como ver alguém sofrer um infarto e esperar que outra pessoa inicie a reanimação cardiorrespiratória.

O que está morrendo não é um indivíduo, é o espírito da sociedade como um todo. Isso nunca foi tão óbvio quanto agora. Hoje temos consciência disso, mas continuamos paralisados. De alguma forma, o perigo não nos parece real. Até que pareça, não encontraremos a força de vontade para agir. É aí que entra a ferramenta do Risco.

Toda vez que você usa o Risco, ele acaba com sua negação e ativa sua força de vontade. Porém, algo mais acontece. O poder da sua força de vontade afeta as pessoas à sua volta. É como se uma pessoa começasse a fazer massagem cardíaca no homem que está morrendo. De repente, dando-se conta do que está em jogo, outro observador liga para a emergência. Rapidamente, todos ao redor começam a se mobilizar.

Vejamos como sua experiência pessoal com o Risco afeta sua comunidade. Pense numa situação na qual você deveria usar as ferramentas, mas não esteja usando:

> Feche os olhos e se imagine em seu leito de morte, como no Capítulo 6. Esse seu eu do futuro percebe sua estagnação atual e estimula você a não desperdiçar o momento presente, insistindo que aja com urgência. De olhos ainda fechados, relaxe um pouco e olhe à sua volta. A força de vontade que você criou atraiu uma enorme multidão. Agora use o Risco novamente, mas imagine toda a sociedade usando a ferramenta com você. Sinta o poder imbatível da vontade coletiva. De que maneira isso muda a sociedade?

Essa experiência revela por que o Risco é a ferramenta mais crucial de todas. Somos uma sociedade feita de indivíduos desmoralizados. Cada um de nós se sente impotente para incitar mudanças. Isso faz com que seja impossível curarmos nosso espírito. Mas estamos enganados. A imagem que você acabou de criar é mais que um exercício individual. As forças que você sentiu têm o poder de salvar a sociedade. Não espere que alguém as evoque. Ninguém é mais qualificado que você.

AGORA É COM VOCÊ

Estamos quase chegando ao fim. Este é um momento crucial para você. Aquilo que fizer depois que largar o livro determinará seu futuro. Se quiser continuar sendo um consumidor, esquecerá a maior parte do que leu. Você não apenas terá ficado indiferente à leitura como também terá negado a importância de sua própria evolução – para si mesmo e para o mundo.

Mas, se deseja ser um criador, você ainda tem muito que fazer.

Para torná-lo um criador, o livro precisa fazer mais que transmitir ideias; ele precisa despertar em você forças superiores. Para manter vivas essas forças, você terá que usar as ferramentas muito depois de ter terminado a leitura – na verdade, terá que fazer isso pelo resto da vida. Esta é nossa grande meta: que você mantenha um relacionamento infinito com as forças superiores. Pode nos chamar de loucos, mas não ficaremos satisfeitos com nada menos que isso.

E, se você deseja se tornar um criador, também não ficará satisfeito com menos.

Ao longo do livro, tentamos transmitir uma verdade simples mas poderosa: o poder das forças superiores é absolutamente real. Quanto mais elas fizerem parte da sua vida, mais mudarão de modo profundo a pessoa que você é. Temos hoje muitos pacientes que vivem com essas forças há mais de cinco, dez anos. Suas vidas se tornaram excepcionais. Sim, muitos deles gozaram de enorme sucesso, mas o que é realmente excepcional é a maneira como reagem ao fracasso. Constantemente infundido de forças superiores, seu espírito brilha com uma resistência imbatível.

Quando a adversidade vem, eles a recebem de braços abertos, sabendo que aprofundarão seu relacionamento com as forças superiores. Sua recompensa é o apoio sempre presente de algo maior que eles mesmos. Isso lhes dá uma confiança inabalável. Levam vidas maiores e mais plenas do que jamais imaginaram ser possível – e inspiram os outros a fazerem o mesmo.

Essas pessoas possuem o mais raro dos bens: a verdadeira felicidade. A maioria de nós nunca a encontra porque procura por ela no mundo exterior. Nosso navio nunca chega porque estamos procurando no porto errado.

A verdadeira felicidade é a presença constante de forças superiores na nossa vida. O universo, por sua vez, foi projetado para que essas forças estejam disponíveis a cada momento de cada dia. Basta que usemos as ferramentas para permanecer conectados com elas.

Quando houver um número suficiente de pessoas fazendo isso, a nova espiritualidade se tornará mais que uma ideia. Passará a ser um organismo vivo, cujo destino dependerá dos esforços de indivíduos como você. Este livro é apenas uma introdução a esse processo. A nova espiritualidade requer que você vá além do livro, fazendo suas próprias perguntas e descobrindo novas respostas sobre o espírito humano. Você deve fazê-lo não apenas porque vai se beneficiar, mas porque, sem isso, a nova espiritualidade vai morrer. O futuro é responsabilidade sua.

Não escrevemos este livro para ser digerido e eliminado como fast-food por consumidores. Também não o escrevemos para recrutar seguidores ou partidários. Nós o escrevemos para que você, na condição de criador, possa levar adiante a nova espiritualidade de sua maneira única, independentemente das circunstâncias. Se o fizer, embora possamos nunca nos conhecer, estaremos conectados para sempre.

Agradecimentos

Primeiramente, eu gostaria de agradecer a meu amigo e coautor deste livro, Barry Michels. Sua energia manteve este projeto vivo, e sua fé sustentou seu desenvolvimento durante os tempos mais difíceis. Ele tratou minhas ideias com cuidado e atenção e as engrandeceu de uma maneira que eu nunca poderia ter feito. Ele constitui uma rara combinação de justiça, sensibilidade e paixão. Eu confiaria minha vida a ele.

Também gostaria de agradecer a Joel Simon, meu amigo de toda a vida, que já não está mais entre nós. Ele me ensinou o que é coragem.

Por último, meu agradecimento ao grupo de amigos e colegas que tiveram a generosidade de ler o livro quando ainda era uma obra em desenvolvimento. Valorizo especialmente essa colaboração porque eles já conheciam as ferramentas e os conceitos que tive tanta dificuldade para descrever. Michael Bygrave, Nancy Dunn, Vanessa Inn, Barbara McNally, Sharon O'Connor e Maria Semple – a contribuição de cada um de vocês foi crucial.

— Phil Stutz

No topo da lista de pessoas a quem dedico meus agradecimentos estão meu coautor e amigo, Phil Stutz, e minha esposa, Judy White. Não poderia ter escrito este livro sem os dois. Phil é simplesmente o indivíduo mais talentoso que já conheci. Sua sabedoria penetra tão profundamente na essência das coisas que não consigo me lembrar de uma só pergunta minha à qual ele não pudesse responder – suas respostas sempre foram surpreendentemente incisivas e, ainda assim, elaboradas com expressiva paixão e gentileza. Da mesma maneira, é impossível agradecer o suficiente à minha esposa. Ela tem sido incrivelmente leal e compreensiva, e eu a amo com todo o meu coração.

Também agradeço a meus filhos (já adultos), Hana e Jesse. Seu apoio – desde contribuições específicas no texto até seu amor e boa vontade – significa o mundo para mim. Jesse demonstrou interesse particular no impacto social das ferramentas e foi decisivo na inclusão desse aspecto no livro.

Inúmeros amigos – Jane Garnett, Vanessa Inn, Steve Kivelson, Steve Motenko, e Allison e David White – me incentivaram com seu afeto e inabalável apoio. Obrigado por expressar sua confiança em mim quando eu mesmo havia perdido a minha.

Por fim, quero agradecer a meus pacientes. Todos os dias me sinto profundamente honrado por receber a confiança de vocês. A conexão que temos está entre as mais fortes que já construí na vida. Obrigado por compartilharem comigo as profundezas de sua alma. E obrigado pela inegável ajuda que vocês me deram ao trazer este livro à realidade.

— BARRY MICHELS

Nós dois queremos agradecer a Yvonne Wish pela sua ajuda na miríade de detalhes deste livro. Sua diligência, visão e atenção aguçada nos salvaram inúmeras vezes.

Também gostaríamos de agradecer a Michael Gendler e Jason Sloane por terem nos guiado pelo complexo processo de negociação com elegância e senso de justiça. Sem a perspectiva e experiência de vocês, seríamos nós a precisar de terapia.

A Random House tem nos oferecido tempo e recursos de maneira incrivelmente generosa, representando um maravilhoso lar para nosso livro. Nossa editora, Julie Grau, é uma das melhores – ela é astuta e ainda assim flexível, e sentimos que ela "captou" nosso material imediatamente. Theresa Zoro e Sanyu Dillon, junto com toda a sua equipe, foram maravilhosas ao nos dar feedback e nos ajudar ao longo dessa jornada.

Nossos agradecimentos também se estendem à nossa agente, Jennifer Rudolf Walsh. Desde o primeiro dia, sabíamos ter encontrado nossa alma gêmea. Ela entendeu na mesma hora o que queríamos abordar, quais eram nossos objetivos e valores, e se lançou à tarefa de promover nosso trabalho com infatigável energia e incansável habilidade.

Por fim, nunca teríamos conhecido Julie Grau ou Jennifer Walsh se uma talentosíssima jornalista, Dana Goodyear, não tivesse decidido escrever sobre nosso trabalho na revista *The New Yorker*. Ela fez isso com um nível de cuidado e respeito pelo qual seremos eternamente gratos.

— PHIL STUTZ E BARRY MICHELS

CONHEÇA ALGUNS DESTAQUES DE NOSSO CATÁLOGO

- Augusto Cury: Você é insubstituível (2,8 milhões de livros vendidos), Nunca desista de seus sonhos (2,7 milhões de livros vendidos) e O médico da emoção
- Dale Carnegie: Como fazer amigos e influenciar pessoas (16 milhões de livros vendidos) e Como evitar preocupações e começar a viver
- Brené Brown: A coragem de ser imperfeito – Como aceitar a própria vulnerabilidade e vencer a vergonha (600 mil livros vendidos)
- T. Harv Eker: Os segredos da mente milionária (2 milhões de livros vendidos)
- Gustavo Cerbasi: Casais inteligentes enriquecem juntos (1,2 milhão de livros vendidos) e Como organizar sua vida financeira
- Greg McKeown: Essencialismo – A disciplinada busca por menos (400 mil livros vendidos) e Sem esforço – Torne mais fácil o que é mais importante
- Haemin Sunim: As coisas que você só vê quando desacelera (450 mil livros vendidos) e Amor pelas coisas imperfeitas
- Ana Claudia Quintana Arantes: A morte é um dia que vale a pena viver (400 mil livros vendidos) e Pra vida toda valer a pena viver
- Ichiro Kishimi e Fumitake Koga: A coragem de não agradar – Como se libertar da opinião dos outros (200 mil livros vendidos)
- Simon Sinek: Comece pelo porquê (200 mil livros vendidos) e O jogo infinito
- Robert B. Cialdini: As armas da persuasão (350 mil livros vendidos)
- Eckhart Tolle: O poder do agora (1,2 milhão de livros vendidos)
- Edith Eva Eger: A bailarina de Auschwitz (600 mil livros vendidos)
- Cristina Núñez Pereira e Rafael R. Valcárcel: Emocionário – Um guia lúdico para lidar com as emoções (800 mil livros vendidos)
- Nizan Guanaes e Arthur Guerra: Você aguenta ser feliz? – Como cuidar da saúde mental e física para ter qualidade de vida
- Suhas Kshirsagar: Mude seus horários, mude sua vida – Como usar o relógio biológico para perder peso, reduzir o estresse e ter mais saúde e energia

sextante.com.br